LES

MOHICANS

DE PARIS

PAR

ALEXANDRE DUMAS

1

PARIS
ALEXANDRE CADOT, ÉDITEUR
37, rue Serpente.

1854

LES MOHICANS DE PARIS

Ouvrages de George Sand.

Adriani	2 vol.
Mont-Revêche	4 vol.
La Filleule	4 vol.
Les Maîtres Sonneurs	4 vol.
François le Champi	2 vol.
Piccinino	5 vol.
Le Meunier d'Angibault	3 vol.
Lucrezia Floriani	2 vol.
Teverino	2 vol.
La Mare au Diable	2 vol.

Ouvrages de Paul Duplessis.

Les grands jours d'Auvergne.
Première partie, *Raoul Sforzi*	5 vol.
Deuxième partie, *Le gracieux Maurevert*	4 vol.

Les Étapes d'un Volontaire.
Première partie, *Le Roi de Chevrières*	4 vol.
Deuxième partie, *Moine et Soldat*	4 vol.
Troisième partie, *Monsieur Jacques*	4 vol.
Le Capitaine Bravaduria	2 vol.
Le Capitaz Ramirez	4 vol.

Sous presse :

Les Pervertis.
Un monde inconnu.
Le Grand-Justicier du roi.

Ouvrages de Paul de Kock.

Un Monsieur très tourmenté	2 vol.
Les Étuvistes	8 vol.
La Bouquetière du Château-d'Eau . . .	6 vol.

LES

MOHICANS

DE PARIS

PAR

ALEXANDRE DUMAS

1

PARIS
ALEXANDRE CADOT, ÉDITEUR
37, rue Serpente.

1854

I

Dans lequel l'auteur lève le rideau sur le théâtre où va se jouer son drame.

Si le lecteur veut risquer, avec moi, un pèlerinage vers les jours de ma jeunesse, et remonter la moitié du cours de ma vie, c'est-à-dire juste un quart de siècle, nous ferons halte ensemble au commencement de l'an de grâce 1827, et nous dirons aux générations qui datent de cette époque ce qu'était le Paris physique et moral des dernières années de la Restauration.

Commençons par l'aspect physique de la moderne Babylone.

De l'est à l'ouest, en passant par le sud, Paris, en 1827, était à peu près ce qu'il est en 1854. Le Paris de la rive gauche est naturellement stationnaire, et tend plutôt à se dépeupler qu'à se peupler; au contraire de la civilisation, qui marche d'orient en occident, Paris, cette capitale du monde civilisé, marche du sud au nord; Montrouge envahit Montmartre.

Les seuls travaux réels qui aient été faits

sur la rive gauche, de 1827 à 1854, sont la place et la fontaine Cuvier, la rue Guy-Labrosse, la rue de Jussieu, la rue de l'École-Polytechnique, la rue de l'Ouest, la rue Bonaparte, l'embarcadère d'Orléans, celui de la barrière du Maine; enfin, l'église Sainte-Clotilde, qu s'élève sur la place Belle-Chasse, le palais du conseil d'État sur le quai d'Orsay, et l'hôtel du ministère des affaires étrangères sur le quai des Invalides.

Il en a été bien autrement sur la rive droite, c'est-à-dire dans l'espace compris du pont d'Austerlitz au pont d'Iéna, en longeant le pied de Montmartre. En 1827, Paris, à l'est, ne s'étendait, en réalité, que jusqu'à la Bastille, — et encore tout le boulevart Beaumarchais était-il à bâtir ; — au nord, que jusqu'à la rue de la Tour-d'Auvergne et la rue de la Tour-des-Dames, et, à l'ouest, que jusqu'à l'abattoir du Roule et l'allée des Veuves.

Mais, du quartier du faubourg Saint-Antoine, qui, de la place de la Bastille, va jusqu'à la barrière du Trône ; du quartier Popincourt, qui, du faubourg Saint-Antoine, va jusqu'à la rue Ménilmontant ; du quartier du faubourg du Temple, qui va, de la rue Ménilmontant, au faubourg Saint-Martin ; du quartier Lafayette, qui va, du faubourg Saint-Martin, au faubourg Poissonnière ; mais, enfin, du quartier Turgot, du quartier Trudaine, du quartier Breda, du quartier Tivoli, du quartier de la place de l'Europe, du quartier Beaujon; des rues de Milan, de Madrid, Chaptal, Boursault, de Laval, de Londres, d'Amsterdam, de Constantinople, de Berlin, etc., — il n'en était point encore question. — Quartiers, places, squares, rues, la baguette de cette fée qu'on appelle l'Industrie les a tous fait jaillir de terre, pour servir de cortége à ces princes du commerce qu'on appelle les chemins de fer de Lyon, de Strasbourg, de Bruxelles et du Havre.

Dans cinquante ans, Paris aura rempli tout l'espace qui reste vide, aujourd'hui, entre ses faubourgs et ses fortifications; alors, tout ce qui est faubourgs sera Paris, et de nouveaux faubourgs s'allongeront à toutes les ouvertures de cette vaste enceinte de murailles.

Nous avons vu ce qu'était le Paris physique, en 1827 ; voyons ce qu'était le Paris moral.

Charles X régnait depuis deux ans ; depuis cinq ans, M. de Villèle était président du conseil ; enfin, depuis trois ans, M. Delavau avait succédé à M. Anglès, si gravement compromis dans l'affaire Maubreuil.

Le roi Charles X était bon ; il avait à la fois le cœur faible et honnête, et laissait croître autour de lui les deux partis qui, en croyant l'affermir, devaient le renverser : — le *parti-ultra* et le *parti-prêtre*.

M. de Villèle était moins un homme politique qu'un homme de bourse : il savait déplacer, remuer, tripoter les fonds publics; mais voilà tout. Au reste, personnellement honnête homme, et devant se retirer des finances, au bout de cinq ans, aussi pauvre qu'il y était entré, et après y avoir manié des milliards.

M. Delavau était sans valeur individuelle, entièrement dévoué, non pas au roi, mais au double parti qui agissait en son nom : son chef du personnel exigeait des certificats de confession des employés et même des agents; on ne pouvait être reçu mouchard, si l'on ne s'était confessé au moins dans la quinzaine précédant le jour de l'admission.

La cour était triste et seulement égayée par la jeunesse, le besoin de distraction et le côté artiste qu'il y avait dans le caractère de madame la duchesse de Berry.

L'aristocratie était inquiète et divisée; une portion se rattachait aux traditions semi-libérales de Louis XVIII, et prétendait que la tranquillité de l'avenir reposait sur une sage distribution du pouvoir entre les trois grands corps de l'État : le roi, la chambre des pairs, la chambre des députés; — l'autre portion se jetait violemment en arrière, voulant renouer 1827 à 1788, niait la révolution, niait Bonaparte, niait Napoléon, et croyait n'avoir pas besoin d'autre soutien que celui auquel s'étaient appuyés Louis IX, leur ancêtre, et

Louis XIV, leur aïeul, c'est-à-dire le droit divin.

La bourgeoisie était ce qu'elle est en tout temps : amie de l'ordre, protectrice de la paix; elle désirait un changement, et tremblait que ce changement n'eût lieu; elle criait contre la garde nationale, contre l'ennui de faire sa faction, et devint furieuse lorsque en 1828, la garde nationale fut supprimée. En somme, elle suivait le convoi du général Foy, prenait parti pour Grégoire et pour Manuel, souscrivait aux éditions Touquet, et achetait par millions les tabatières à la Charte.

Le peuple était franchement de l'opposition, sans savoir bien nettement s'il était bonapartiste ou républicain ; ce qu'il savait, c'est que les Bourbons étaient rentrés en France à la suite des Anglais, des Autrichiens et des Cosaques. Or, détestant les Anglais, les Autrichiens et les Cosaques, il détestait naturellement les Bourbons, et n'attendait que le moment de s'en débarrasser. Toute conspiration nouvelle était saluée de ses acclamations : pour lui, Didier, Berton, Carré étaient des martyrs ; les quatre sergents de la Rochelle, des dieux !

Maintenant que, par trois degrés successifs, nous sommes descendus du roi à l'aristocratie, de l'aristocratie à la bourgeoisie, et de la bourgeoisie au peuple, descendons un degré encore, et nous allons nous trouver dans ces limbes de la société éclairés seulement par les pâles réverbères de la rue de Jérusalem.

Supposez que nous nous trouvions transportés dans la soirée du mardi gras de 1827.

Depuis deux ans, il n'y a plus de mascarades de police : les voitures dont la double ligne sillonne les boulevarts, toutes chargées de poissardes et de malins qui, chaque fois qu'ils se croisent, s'arrêtent et — pardonnez-moi, je dois me servir du terme courant — et s'*engueulent,* sont des voitures particulières.

Quelques-unes de ces voitures appartiennent de fondation à un excellent jeune homme nommé Labattue, qui, trois ou quatre ans plus tard, ira mourir de la poitrine à Pise, et, quoiqu'il fasse tout au monde pour que l'on sache que ces immenses mascarades, que ces sonneurs de cor, que ces hommes à cheval sont bien à lui, les spectateurs s'obstinent à ignorer son nom, et à en faire honneur à lord Seymour.

Les cabarets en vogue sont : à la Courtille, Desnoyers, le salon de Flore, la Courtille ; à la barrière du Maine, Tonnelier.

Les bals fréquentés sont : la Chaumière, tenue par Lahire ; — deux races en train de disparaître aujourd'hui y dansent sur le volcan qui doit les engloutir : les étudiants, les grisettes ; la lorette et les Arthurs, qui les ont remplacés, sont encore inconnus : Gavarni créera pour eux son charmant costume de débardeur ; — le Prado, qui flamboie en face du Palais-de-Justice ; le Colysée, qui bruit derrière le Château-d'Eau ; la Porte-Saint-Martin et Franconi, qui ont seuls, avec l'Opéra, le privilége des bals masqués.

Nous ne parlons, bien entendu, ici, de l'Opéra que pour mémoire : à l'Opéra, on ne danse pas, on se promène, les femmes en domino, les hommes en habit noir.

Dans les autres bals, c'est-à-dire chez Desnoyers, au salon de Flore, au Sauvage, chez Tonnelier, à la Chaumière, au Prado ;

au Colysée, à la Porte-Saint-Martin, chez Franconi, on ne danse pas non plus : — on *chahutte*.

La chahut était une danse ignoble, laquelle était, au cancan, ce que le brûle-gueule et le tabac de caporal sont au cigare de la Havane.

Au-dessous de tous les lieux que nous venons de nommer, et qui descendent du théâtre à la guinguette, et de la guinguette au cabaret, sont les bouges immondes qu'on appelle les tapis-francs.

Il y en a sept à Paris :

Au *Chat-Noir*, rue de la Vieille-Draperie, dans la Cité ;

Au *Lapin-Blanc,* en face du Gymnase ;

Aux *Sept-Billards,* rue de Bondy ;

Hôtel d'Angleterre, rue Saint-Honoré, en face de la Civette ;

Chez *Paul Niquet,* rue aux Fers ;

Chez *Baratte,* même rue ;

Enfin, chez *Bordier,* au coin de la rue Aubry-le-Boucher et de la rue Saint-Denis.

Deux de ces tapis-francs ont des spécialités.

Le Chat-Noir réunit particulièrement les voleurs à la *carouble* et à la *fourline;* — le Lapin-Blanc, les *charrieurs,* les *scionneurs* et les *vantarniers.*

Oh ! qu'on se rassure, nous n'allons pas nous engager dans un dialogue d'argot, et faire un livre que l'on ne puisse comprendre qu'à l'aide du dictionnaire infâme de Bicêtre et de la Conciergerie.

Nous nous hâtons, au contraire, de nous débarrasser, pour n'y plus revenir, de tous ces termes immondes, qui nous répugneraient autant qu'à nos lecteurs.

Disons donc rapidement ce que sont les voleurs à la carouble et à la fourline, les charrieurs, les scionneurs et les vantarniers.

Les voleurs à la carouble sont les voleurs avec fausses clés.

Les voleurs à la fourline sont les tireurs

de bourses, de montres, de mouchoirs.

Les charrieurs sont ceux qui entrent chez les changeurs sous prétexte de choisir des pièces à l'effigie de tel roi, au millésime de telle année, et qui, tout en choisissant les pièces demandées, en fourrent pour cinquante francs dans chaque manche.

Les scionneurs sont ceux qui entourent d'un mouchoir ou d'une corde le cou de la personne qu'ils veulent voler, et la chargent sur leurs épaules, tandis que leurs complices la *barbottent*, c'est-à-dire la fouillent.

Enfin, les vantarniers sont ceux qui volent la nuit, par les fenêtres, à l'aide d'une échelle de cordes.

Les cinq autres tapis-francs sont tout simplement des réceptables de voleurs de toutes les catégories.

Pour veiller sur toute cette population de forçats libérés, de filous, de filles, de voleurs de toute sorte, de bandits de toute espèce, il n'y a que six inspecteurs et un officier de paix par arrondissement; — les sergents de ville ne sont point encore créés, et ne le seront qu'en 1828, par M. de Belleyme.

Ces inspecteurs font leur service en bourgeois.

Tout individu arrêté par eux est conduit, d'abord, à la salle Saint-Martin, c'est-à-dire au Dépôt; là, moyennant seize sous pour la première nuit, et dix sous pour les autres nuits, on a droit à une chambre séparée.

De là, les hommes sont envoyés à la Force ou à Bicêtre ; les filles, aux Madelonnettes, rue des Fontaines, près du Temple; les voleuses, à Saint-Lazare, rue du faubourg Saint-Denis.

On exécute sur la place de Grève.

Monsieur de Paris (1), demeure rue des Marais, n° 43.

La première question que le lecteur se fait à lui-même, et qu'il nous ferait

(1) C'est le titre du bourreau.

si nous n'allions pas au-devant d'elle, c'est celle-ci : « Puisque la police sait où prendre les voleurs, pourquoi la police ne les prend-elle pas ? »

La police ne peut arrêter qu'en flagrant délit; la loi, sur ce point, est positive, et les voleurs de toutes classes le savent bien.

Si la police pouvait arrêter les voleurs autrement que la main dans le sac, comme elle les connaît à peu près tous, un coup d'épervier jeté dans tous les bouges de Paris, et il n'y aurait plus de voleurs, — ou si peu, du moins, que ce ne serait pas la peine de s'en plaindre !

Aujourd'hui, aucun de ces tapis-francs n'existe plus : les uns ont disparu dans les démolitions que nécessitent les embellissements de Paris ; les autres sont fermés, éteints, morts.

Bordier seul a survécu ; mais le tapis-franc de 1827 est devenu une élégante boutique d'épiceries où l'on vend des fruits secs, des confitures et des liqueurs fines, et qui n'a plus rien du bouge immonde où nous allons être forcé de conduire nos lecteurs.

II

Les gentilshommes de la Halle.

Nous avons déjà prévenu nos lecteurs que la première page de notre livre portait la date du mardi gras de l'an de grâce 1827.

Seulement, ce jour de suprême folie touchait à sa dernière heure : minuit allait sonner.

Trois jeunes gens se tenant bras dessus, bras dessous, descendaient la rue Saint-Denis ; deux chantonnaient les motifs principaux des quadrilles qu'ils venaient d'entendre au Colysée, où ils avaient passé les premières heures de la nuit ; le troisième se contentait de mordre, en jouant, la pomme d'or d'une petite canne.

Les deux fredonneurs portaient la livrée du jour et le déguisement de l'époque : ils étaient costumés en forts de la halle.

Le troisième — celui qui ne chantait pas, qui se tenait au milieu des deux autres, qui semblait l'aîné des trois, ou du moins le plus sérieux, qui dépassait ses deux amis de toute la tête, et qui mordait, comme nous l'avons dit, la pomme de sa canne — était enveloppé d'un de ces grands manteaux de drap solitaire à collet de velours, comme on en portait en ce temps-là, et comme on n'en voit plus aujourd'hui qu'aux frontispices des œuvres de Chateaubriand et de Byron.

Celui-là sortait d'une soirée d'artistes, qui avait eu lieu rue Sainte-Appoline.

Sous son manteau, il était vêtu d'un pantalon noir dessinant une jambe nerveuse, aux fines attaches, et au pied élégant chaussé d'un bas de soie à jour et d'un escarpin verni; son frac noir, boutonné militairement — quoiqu'il fût bien visible que le personnage ne touchait en aucun point à l'armée — ne laissait passer, par en haut et par en bas, que les extrémités d'un gilet de piqué blanc; son cou jouait à l'aise dans une cravate de satin noir, et sa tête, dont les cheveux frisaient naturellement, était coiffée d'un de ces chapeaux aplatis que l'on portait sous le bras au bal, qu'on enfonçait jusque sur les oreilles en sortant, et qu'on appelait des chapeaux-claques.

Si les rares passants qui suivaient à cette heure la rue Saint-Denis eussent pu lever le manteau dans lequel se drapait l'inconnu dont nous décrivons en ce moment la toilette, ils se fussent assurés que ce pantalon boutonné au-dessus de la cheville, et collant comme un maillot tricoté ; que ce frac à la coupe élégante et aux basques retombant avec grâce, que ce gilet de piqué anglais à boutons d'or ciselé, sortaient évidemment du magasin d'un des tailleurs en renom du boulevart de Gand, et avaient été confectionnés pour un de ces jeunes gens à la mode qu'on appelait encore à cette époque des *dandys*, et qu'on désigne aujourd'hui sous le nom déjà un peu usé de *lions*.

Et, cependant, celui qui portait cet habit ne paraissait pas le moins du monde avoir la prétention de passer pour un élégant ; il suffisait, en effet, de le regarder un instant pour acquérir la certitude qu'on n'avait point devant les yeux ce que l'on appelle un homme à la mode : il y avait dans toute son allure quelque chose qui révélait une trop grande indépendance de mouvements, pour s'appliquer à l'un de ces mannequins esclaves des plis de leur cravate, ou de la roideur de leur col. Ensuite, comme si elles eussent répugné à cette entrave fashionable, ses mains, à la sortie de la soirée, s'étaient hâtées de se débarrasser de leurs gants, ce qui permettait de voir, à l'index de la droite, un de ces gros anneaux dits bagues à la chevalière, et qui, d'habitude, servaient de cachet, soit qu'ils portassent une devise personnelle ou des armes de famille.

Au reste, les deux autres jeunes gens

faisaient, avec cette espèce d'apparition byronienne, un singulier contraste. Costumés, comme nous l'avons remarqué déjà, en forts de la halle, ou plutôt en malins, ainsi qu'on disait alors ; vêtus de vestes de peluche blanche à collets cerise, de pantalons de satin rayés blanc et bleu ; le corps serré, l'un dans un cachemire rouge, l'autre dans un cachemire jaune ; chaussés de bas de soie à coins d'or, et de souliers à boucles de diamants ; empanachés de la tête aux pieds de rubans de toutes couleurs ; le chapeau à longs poils ceint d'une guirlande de camélias blancs et roses, dont le plus modeste, en ce temps de l'année, ne valait pas moins d'un écu chez madame Bayon ou chez madame Prévost, les deux fleuristes en renom ; les joues enluminées de la pourpre de la jeunesse, le feu dans les yeux, la joie sur les lèvres, la gaîté dans le cœur, l'insouciance écrite en lettres d'or sur toute leur personne, ces deux jeunes étaient bien la double incarnation de la gaîté française, l'image de ce joyeux passé dont leur ami, vêtu de noir, sombre comme l'avenir, semblait religieusement mener les funérailles.

Maintenant, comment se trouvaient réunis ces trois hommes de costume et, à ce qu'il paraît, de caractères si différents, et pourquoi piétinaient-ils à pareille heure dans une des cinquante rues boueuses qui sillonnent Paris, du boulevart Saint-Denis au quai de Gèvres?

C'est bien simple : les deux forts n'avaient point trouvé de voiture à la porte du Colysée ; le jeune homme au manteau brun en avait vainement cherché une dans la rue Sainte-Appoline.

Les deux malins, déjà passablement échauffés par le bischoff et par le punch, avaient résolu d'aller manger des huîtres à la halle.

Le jeune homme au manteau brun, maintenu dans la plénitude de sa raison par quelques verres d'orgeat et de sirop de groseille, rentrait se coucher chez lui, rue de l'Université.

Tous trois s'étaient rencontrés, par hasard, à l'angle de la rue Sainte-Appoline et de la rue Saint-Denis ; les deux malins avaient reconnu un ami dans le jeune homme au manteau brun, lequel, certes, ne les eût pas reconnus.

Tous deux s'étaient alors écriés à l'unisson :

— Tiens ! Jean Robert !

— Ludovic ! Pétrus ! avait répondu le jeune homme au manteau brun.

— En 1827, on s'appelait, non plus Pierre, mais Pétrus ; non plus Louis, mais Ludovic.

Tous trois s'étaient serré les mains avec effusion, en se demandant ce qu'ils faisaient, à cette heure indue, sur le pavé du roi.

D'une part comme de l'autre, l'explication avait été donnée.

Après quoi, les deux malins — qui étaient, Pétrus, un peintre, et Ludovic, un médecin — avaient tant insisté, qu'ils avaient obtenu de Jean Robert, qui était poète, de venir souper avec eux chez Bordier, à la halle.

Voilà donc ce qui avait été arrêté entre les trois jeunes gens, et l'on eût pu croire, à la rapidité de leur marche vers le rendez-vous, que c'était une détermination sur laquelle aucun des trois ne reviendrait, quand, tout à coup, arrivé à vingt pas de la cour Batave, Jean Robert s'arrêta.

— Ah ça! demanda-t-il, il est bien décidé, n'est-ce pas, que nous allons souper... chez qui dites-vous ?

— Chez Bordier.

— Soit! chez Bordier.

— Certainement que c'est bien décidé, répondirent d'une seule voix Pétrus et Ludovic ; pourquoi pas ?

— Parce qu'il est toujours temps de reculer, quand on est en train de faire une bêtise.

— Une bêtise! Et en quoi ?

— Parbleu! en ce que, au lieu d'aller souper tranquillement chez Véry, chez Philippe ou aux Frères-Provençaux, vous voulez passer la nuit dans quelque ignoble bouge où nous boirons de l'infusion de bois de campêche, sous prétexte de vin de Bordeaux, et où nous mangerons du chat, en place de lapin de garenne.

— Que diable as-tu donc, ce soir, contre les chats et le bois de campêche, ô poète? demanda Ludovic.

— Mon cher, dit Pétrus, Jean Robert vient d'avoir un grand succès au Théâtre-Français; il gagne cinq cents francs tous les deux jours; il a de l'or plein ses poches, et il est devenu aristocrate.

— N'allez-vous pas dire que c'est par économie que vous allez là, vous autres?

— Non, dit Ludovic, c'est pour tâter un peu de tout.

— Pouah! la belle nécessité! fit Jean Robert.

— Je déclare, reprit Ludovic, que je ne me suis affublé de cet absurde costume, grâce auquel j'ai l'air d'un meunier qui vient de tirer à la conscription, que pour souper à la halle ce soir; je suis à cent pas de la halle : j'y soupe, ou je ne soupe pas!

— Ah! voilà! dit Pétrus, tu parles en carabin : l'hôpital et l'amphithéâtre t'ont préparé à tous les spectacles, si hideux qu'ils soient; philosophe et matérialiste, tu es cuirassé contre toutes les surprises.

Moi qui, en ma qualité de peintre, n'ai pas toujours eu du vin de campêche à boire et du chat à manger; moi qui ai fréquenté les modèles des deux sexes, cadavres vivants, qui ont sur les morts l'infériorité de l'âme; moi qui suis entré dans la loge des lions, et qui suis descendu dans la fosse des ours, quand je n'avais pas trois francs pour faire monter chez moi le père Saturnin ou mademoiselle Rosine la Blonde, je ne suis pas dégoûté, Dieu merci! Mais, ajouta-t-il en montrant son compagnon à la haute taille, ce jeune homme impressionnable, ce poète-sensitive, cet héritier de Byron, ce continuateur de Gœthe, le nommé Jean Robert, enfin, quelle figure va-t-il faire dans ce mauvais lieu? A-t-il, avec ses petites mains, son petit pied, son charmant accent créole, la moindre idée de la façon dont on doit se conduire dans le monde où nous allons le présenter? s'est-il jamais demandé seulement, lui qui, dans la garde nationale, n'a jamais pu partir du pied gauche, de quel pied on entre dans un tapis-franc, et ses chastes oreilles, habituées au *Jeune Malade* de Millevoye, et à la *Jeune Captive* d'André Chénier, sont-elles de taille à entendre les menus propos qu'échangent entre eux les gentilshommes de nuit qui émaillent cet endroit?... Non! En ce cas, que vient-il faire avec nous? Nous ne le connaissons pas! Quel est cet étranger qui vient se mêler à nos fêtes? *Vade retro*, Jean Robert!

— Mon cher Pétrus, répondit le jeune

homme qui venait d'être l'objet d'une diatribe à laquelle, autant qu'il était en notre pouvoir, nous avons conservé l'esprit qui avait cours dans les ateliers du temps, — mon cher Pétrus, tu n'es qu'à moitié ivre, mais tu es tout à fait Gascon !

— Ah ! bon ! je suis de Saint-Lô !... S'il y a des Gascons à Saint-Lô, mettons qu'il y a des Normands à Tarbes.

— Eh bien ! je te dis, moi, Gascon de Saint-Lô ! que tu fais étalage de défauts que tu n'as pas, pour déguiser les qualités que tu as. Tu fais le roué, parce que tu as peur de paraître naïf ; tu fais le mauvais sujet, parce que tu rougis de paraître bon ! Tu n'es jamais entré dans la loge des lions, tu n'es jamais descendu dans la fosse aux ours, et tu n'as jamais mis le pied dans un cabaret de la halle, pas plus que Ludovic, pas plus que moi, pas plus que les jeunes gens qui se respectent ou les ouvriers qui travaillent.

— *Amen!* dit Pétrus en bâillant.

— Bâille et moque-toi tant que tu voudras; fais flamberge de tes vices imaginaires, pour éblouir la galerie, parce que tu as entendu dire que tous les grands hommes avaient des vices, qu'André del Sarto était voleur, et Rembrandt crapuleux; fais poser le bourgeois, comme tu dis, puisque c'est ton état et ta nature de faire poser; mais, devant nous, qui te savons bon, mais devant moi, qui t'aime comme un frère plus jeune que moi, reste ce que tu es, Pétrus : franc et naïf, impressionnable et enthousiaste. Eh! mon cher, s'il est permis d'être blasé — à mon avis, ce n'est jamais permis — c'est lorsqu'on a été proscrit comme Dante, méconnu comme Machiavel, ou trahi comme Byron. As-tu été trahi, méconnu ou proscrit? regardes-tu la vie du côté de l'horizon triste et aride? des millions ont-ils fondu dans tes mains en y laissant, pour trace unique, la crasse de l'ingratitude, ou la cicatrice de la désillusion? Non! tu es jeune, tu vends tes tableaux, ta maîtresse t'aime, le gouvernement t'a commandé une *Mort de Socrate :* il est convenu que Ludovic posera pour Phédon, et que je poserai, moi, pour Alcibiade; que diable veux-tu de plus?... Souper dans un tapis-franc? Soupons, mon cher! Cela aura, du moins, un résultat : c'est de t'en dégoûter à ce point que, de ta vie, tu n'y voudras revenir !

— As-tu fini, l'homme à l'habit noir? demanda Pétrus.

— Oui, à peu près.

— Alors remettons-nous en marche.

Pétrus se remit en marche en entonnant une chanson moitié bachique, moitié obscène, comme s'il eût voulu se prouver à lui-même que la leçon grave et affectueuse qu'il venait de recevoir de Jean Robert n'avait fait aucune impression sur lui.

Au dernier couplet, on était en pleine halle, minuit et demi sonnait à l'église Saint-Eustache.

— Ah ! voyons, dit Ludovic, qui, comme on l'a vu, avait pris peu de part à la conversation, et qui, esprit pensif et observateur, se laissait facilement mener où l'on voulait le conduire, certain que, partout où va l'homme, soit qu'on le mène en face de l'homme ou en face de la nature, il trouvera matière à observation ou à rêverie ; — ah ! voyons, il s'agit, maintenant, de faire un choix... Entrons-nous chez Paul Niquet, chez Baratte ou chez Bordier ?

— Bordier m'est recommandé : entrons chez Bordier, dit Pétrus.

— Entrons chez Bordier! répéta Jean Robert.

— A moins que tu n'aies tes habitudes ou tes affections dans quelque autre temple, chaste nourrisson des Muses!

— Oh! tu sais bien que jamais je ne suis même venu dans ce quartier... Ainsi, peu importe! Nous souperons mal partout; je n'ai donc pas de préférence.

— Nous y voici. Le cabaret te paraît-il suffisamment borgne?

— Oui, je le trouve même aveugle!

— En ce cas, pénétrons.

Et, enfonçant son chapeau de malin sur

une oreille, Pétrus s'élança dans le cabaret, avec le dégagé, le sans-façon et l'effronterie d'un vieil habitué de l'établissement.

Ses deux amis le suivirent.

III

Le Tapis-Franc.

Le cabaret était plein, plus que plein : il regorgeait.

Le rez-de-chaussée — que l'on aurait peine à reconnaître en voyant le magasin charmant et coquet qui le remplace aujourd'hui — le rez-de-chaussée se composait d'une salle basse, enfumée, humide, nausébonde, où grouillaient, entassés dans un incroyable pêle-mêle, tout un monde d'hommes et de femmes costumés des façons les plus diverses, et parmi lesquels dominaient, cependant, les déguisements de malins et de poissardes. Quelques-unes des femmes — et, il faut le dire, c'étaient les plus coquettes et les plus jolies — quelques-unes des femmes déguisées en poissardes, décolletées jusqu'à la ceinture, les manches retroussées jusqu'à l'aisselle, barbouillées de vermillon, tachetées de mouches, quelques-unes de ces femmes, par une voix plus mâle, par un juron plus accentué qu'il ne convenait à leur robe de soie et à leur bonnet de dentelle, trahissaient un double déguisement : déguisement de costume et déguisement de sexe ; mais, par un étrange abus des fantaisies du carnaval, sans doute, ce n'étaient pas celles-là que fêtait le moins la foule d'hommes qui composait les deux tiers à peu près de la noble assemblée.

Tout cela, assis, debout, attablé, couché, riait, causait, chantait, sur les tons les plus incohérents, et avec une telle confusion, que la masse échappait à toute description, et que quelques détails se détachaient seuls de l'informe ensemble, et frappaient les yeux.

C'était un fouillis impénétrable, où tout

se mêlait, se confondait se perdait : les bras musculeux des hommes semblaient appartenir aux femmes ; les jambes déliées des femmes semblaient appartenir aux hommes ; une tête barbue paraissait sortir d'une gorge luxuriante; une poitrine velue avait l'air de supporter la tête mélancolique d'une juive de quinze ans ! Il eût été impossible, même à Pétrus, après avoir reconstruit à grand'peine les torses, et rendu à chacun sa tête, de distinguer à qui étaient les pieds, les jambes, les bras, les mains, tant tous ces membres étaient confondus, noués, tordus, inextricablement enchevêtrés les uns dans les autres !

Les groupes que l'on distinguait à part étaient : — un pierrot qui faisait semblant de dormir contre la muraille, avec une pierrette à califourchon sur ses épaules : en sorte que le pierrot, la tête cachée par le pourpoint de calicot de la pierrette, avait l'air d'un géant à la tête trop petite et aux bras trop courts; — un polichinelle qui essayait de faire le tour de la salle en portant un enfant sur chacune de ses bosses ; — un turc qui allait sautant à cloche-pied pour prouver qu'il n'était pas ivre; — un jeune garçon déguisé en singe, déguisement mis à la mode par **Mazurier**, et qui bondissait de chaise en chaise, de groupe en groupe, faisant pousser aux prêtres de la déesse Folie et du dieu Carnaval — la plus triste des déesses et le plus triste des dieux — les exclamations les plus inattendues, de leurs voix les plus glapissantes.

Un hourra formidable accueillit les trois amis à leur entrée dans la salle.

Le pierrot dénonça son androgénéité en relevant le pourpoint de la pierrette, et en montrant sa seconde tête.

Le polichinelle s'arrêta dans son mouvement de rotation, comme un astre qui accrocherait une comète.

Le turc essaya de lever les deux jambes à la fois ; ce qui amena sa chute instantanée, et la rupture complète d'une table sur laquelle il tomba.

Enfin, le singe se trouva d'un bond sur

les épaules de Pétrus, et se mit, au milieu des rires de la société, à effeuiller les aristocrates camélias de son chapeau.

— Si tu m'en crois, dit Jean Robert à Pétrus, nous sortirons d'ici; le cœur me manque!

— Sortir avant d'être entré! répondit Pétrus; y songes-tu? On croirait que nous avons peur, et l'on nous donnerait la chasse dans les rues de Paris, comme Sa Majesté Charles X fait aux sangliers de la forêt de Compiègne.

— Ton avis? dit Jean Robert à Ludovic.

— Mon avis, répondit Ludovic, est, puisque nous y sommes, d'aller jusqu'au bout.

— Allons donc!

— Attention! fit Pétrus, on nous regarde. Toi qui es un homme de théâtre, tu sais que tout dépend des débuts.

Et, allant droit à l'espèce de cratère qui s'était ouvert sous le turc, où le corps de l'infortuné s'était englouti, et d'où ne sortaient plus que la pointe de ses bottes et l'extrémité de son aigrette :

— Seigneur musulman, dit-il, toujours coiffé de son singe, vous connaissez le mot de votre patron Mohammed-ben-Abdallah, neveu du grand Abou-Thaleb, prince de la Mecque?

— Non, répondit une voix, des profondeurs de la table défoncée.

— *Puisque la montagne ne vient pas à moi, je viens à la montagne!*

Alors, prenant au dépourvu le singe par la peau du cou, il l'enleva de ses épaules, comme il eût fait de son chapeau, et saluant le turc avec le gamin, qui se débattait au bout de son bras tendu :

— Mes hommages respectueux, bon musulman ! dit-il.

Et il remit sur ses épaules l'enfant, qui se hâta de se laisser glisser tout le long de son corps, ainsi qu'il eût fait le long d'un mât de cocagne, et qui disparut en grimaçant dans un coin où ne pénétrait pas la lumière des trois ou quatre lampes qui éclairaient le bouge.

Cette preuve de courtoisie et de force combinées valut à Pétrus des applaudissements universels.

Quant au turc, il ne répondit que fort machinalement à la politesse ; seulement, il se cramponna comme un noyé à la main que lui tendait Pétrus, lequel d'une secousse, le remit sur ses pieds, base visiblement insuffisante, pour le moment du moins, à un monument si profondément ébranlé.

— Décidément, dit Pétrus, lorsqu'il eut accompli l'exploit que nous venons de raconter, il y a trop de monde ici... Montons au premier.

— Comme tu voudras, répondit Ludovic,

quoique ce spectacle ne manque pas d'intérêt.

Un garçon qui les suivait depuis leur entrée dans l'établissement, pour s'assurer sans doute qu'il avait affaire à des consommateurs, se mêla incontinent à la conversation.

— Ces messieurs désirent monter au premier? dit-il.

— En effet, nous n'en serions point fâchés, dit Pétrus.

— Voici l'escalier, fit le garçon en leur montrant une espèce d'échelle en colimaçon.

En le voyant, on se rappelait, malgré soi,

l'ascension de Mathurin Régnier dans le *Mauvais Giste* :

La montée était forte et de fâcheux accès.

Cependant, les trois amis s'y engagèrent au milieu des huées et rires des masques, qui riaient et qui huaient sans savoir même pourquoi, mais pour faire le bruit avec lequel s'enivrent les gens qui ne sont que gris, et se soûlent les gens qui ne sont qu'ivres.

Au premier étage, comme au rez-de-chaussée, la salle était pleine ; c'était le même entassement de gens dans une même pièce enfumée, aux murailles curieuses, regardant à travers les déchirures d'un papier gris sale à rosaces, aux rideaux rouges avec des grecques jaunes et vertes, au plafond noir.

Vu du seuil de la porte, ce monde, qui paraissait d'un degré au-dessous de celui qu'on venait de quitter; ce monde, éclairé, sinon obscurci, par les lueurs roussâtres et blafardes de trois ou quatre quinquets, était l'image vivante de la matérialisation tangible des idées confuses, bariolées, disparates, qui se heurtent dans le cerveau d'un homme ivre.

— Oh! oh! dit Jean Robert, qui était monté le premier, et qui avait poussé la porte, il paraît que l'enfer de Bordier est tout le contraire de l'enfer de Dante : plus on monte, plus on descend!

— Eh bien, qu'en dis-tu? demanda Pétrus.

— Je dis que ce n'était qu'horrible, mais que cela devient curieux.

— Montons toujours, alors! reprit Pétrus.

— Montons! approuva Ludovic.

Et les trois jeunes gens reprirent leur ascension par l'escalier, de plus en plus dégradé et de plus en plus étroit.

Au second, même affluence, même spectacle dans un décor à peu près pareil, si ce n'est que, là, le plafond était plus bas, l'atmosphère plus épaisse, et l'air respirable chargé, par conséquent, de plus de vapeurs malfaisantes.

— Eh bien? fit Ludovic.

— Qu'en dis-tu, Jean Robert? demanda Pétrus.

— Montons toujours! dit le poète.

Au troisième, c'était pis encore.

Il y avait, sur les tables et sous les tables, sur les bancs et sous les bancs, une cinquantaine de créatures humaines, — si l'homme descendu au-dessous du niveau de la brute mérite de conserver ce nom.

Ces cinquante créatures, hommes, femmes, enfants, étaient étendus, couchés, endormis à côté d'assiettes brisées et de bouteilles en éclats, tachés par les sauces, rougis par les vins.

Un seul quinquet éclairait ténébreusement la salle.

On eût dit la lampe d'un sépulcre, si de rauques ronflements partis de quelques poitrines n'eussent hautement révélé l'existence matérielle de ces ivrognes, morts intellectuellement.

Le cœur manquait à Jean Robert; mais Jean Robert était maître de lui : son cœur eût pu rompre, sa volonté n'eût pas plié.

Pétrus et Ludovic se regardaient, tout

prêts, l'un, malgré son enthousiasme, l'autre malgré sa froideur, à retourner en arrière.

Mais Jean Robert, voyant que l'escalier, en se collant à la muraille, montait vers l'étage supérieur à la façon d'une échelle de meunier, Jean Robert s'engagea dans l'escalier, en disant, plus à son aise en apparence, à mesure qu'il l'était moins en réalité :

— Allons, messieurs, vous l'avez voulu; plus haut! plus haut!

On entr'ouvrit la porte du quatrième étage.

Là, la décoration restait la même, mais la scène changeait.

Cinq hommes seulement étaient attablés autour d'une table sur laquelle on distinguait des débris de charcuterie, au milieu de huit ou dix bouteilles s'élevant comme des quilles, mais moins symétriquement rangées.

Ces hommes étaient en habit de ville.

Quand nous disons qu'ils étaient *en habit de ville,* nous voulons dire simplement qu'ils n'étaient pas costumés, et ne portaient que des blouses, des sarraux ou des vestes.

Les trois amis entrèrent; — le garçon, qui les avait suivis d'étage en étage, entra derrière eux.

Les nouveaux venus s'arrêtèrent sur le seuil de la porte, jetèrent un regard autour de la salle, et Jean Robert fit un signe qui voulait dire : « Voilà qui nous convient. »

La pantomime était si expressive, que Pétrus répondit :

— Parbleu ! nous serons ici comme des princes !

— En effet, dit Ludovic, il ne nous manquera plus que de l'air respirable.

— Bon ! dit Pétrus, on en fera en ouvrant la fenêtre.

— Où ces messieurs veulent-ils qu'on leur dresse la table ? demanda le garçon.

— Là! dit Jean Robert en désignant du doigt le côté de la salle opposé à celui où se trouvaient les cinq premiers occupants.

La salle était si basse de plafond, qu'il fallait forcément ôter son chapeau en entrant, et même, en ôtant son chapeau, Jean Robert, le plus grand des trois jeunes gens, touchait le plafond de sa tête.

— Que désirent ces messieurs? demanda le garçon.

— Six douzaines d'huîtres, six côtelettes de mouton, et une omelette, répondit Pétrus.

— Combien de bouteilles?

— Trois chablis première, avec de

l'eau de Seltz, s'il y en a dans l'établissement.

A cette demande, qui sentait son aristocratie d'une lieue, un des cinq convives primitifs se tourna vers les nouveaux venus.

— Oh! oh! dit-il, du chablis première et de l'eau de Seltz! nous avons affaire à des muscadins, à ce qu'il paraît!

— A des fils de famille! répondit un second.

— Ou à des citoyens de la haute pègre! reprit le troisième.

Et les cinq buveurs se mirent à rire. Comme les romans modernes et les *Mé-*

moires de Vidocq n'avaient pas encore familiarisé les gens de bonne société avec les termes d'argot, nos trois coureurs d'aventure ne comprirent pas qu'on venait tout simplement de les traiter de voleurs ; aussi ne firent-ils qu'une médiocre attention aux rires qui suivirent cette insulte.

Jean Robert avait déjà déposé son manteau sur une chaise, et sa petite canne dans l'angle de la fenêtre.

Le garçon, de son côté, s'apprêtait à aller commander le menu du souper, quand celui des hommes qui avait parlé le premier, et traité les jeunes gens de muscadins, arrêta le garçon par le pan de son tablier.

— Eh bien ? lui demanda-t-il.

— Eh bien, quoi? répondit le garçon.

— Est-ce qu'on ne t'a pas déjà demandé des cartes?

— Si fait.

— Alors, pourquoi n'en as-tu pas apporté?

— Parce que vous savez bien qu'on n'en donne pas à ces heures-ci.

— La raison?

— Demandez-la à M. Delavau.

— Qu'est-ce que c'est que M. Delavau?

— C'est le préfet de police.

— Qu'est-ce que ça me fait, le préfet de police ?

— Ça peut ne rien vous faire, à vous ; mais ça nous ferait quelque chose, à nous.

— Ça vous ferait quoi ?

— Ça nous ferait fermer l'établissement ; ce qui nous donnerait le chagrin de ne plus vous recevoir.

— Mais, alors, si l'on ne joue pas, que veux-tu que nous fassions ici ?

— On ne vous force pas d'y rester.

— Ah ça ! mais tu me fais l'effet d'un drôle pas trop poli, sais-tu bien ? et l'on préviendra le bourgeois.

— Oh! prévenez le pape si vous voulez !

— Et tu crois que nous allons nous contenter de cela ?

— Il le faudra bien.

— Et si nous ne sommes pas contents ?...

— Eh bien, dit le garçon avec ce rire narquois qui accompagne, d'habitude, les plaisanteries des gens du peuple, si vous n'êtes pas contents, savez-vous ce que vous ferez ?

— Non.

— Vous prendrez des cartes !

— Mille tonnerres ! je crois que tu te

moques de moi ? vociféra le buveur en se levant et en frappant sur la table un coup de poing qui fit sauter à six pouces de hauteur la bouteille, les verres et les assiettes. Des cartes! c'est justement ce que nous demandons.

Mais le garçon était déjà à moitié de l'escalier, et le buveur fut obligé de se rasseoir, n'attendant, selon toute probabilité, qu'une occasion de faire éclater sa mauvaise humeur.

— Ah! murmurait-il, il paraît que le drôle a oublié que je me nomme Jean Taureau, et que je tue un bœuf d'un coup de poing. Il faudra que je le lui rappelle.

Et, prenant sur la table une bouteille à

moitié vide, il en porta le goulot à sa bouche, et la vida d'un trait.

— Jean Taureau a de la peine, murmura un des cinq convives à l'oreille de son voisin, et, je le connais, il faudra que cela retombe sur quelqu'un !

— En ce cas, répondit celui à qui cette confidence était faite, gare aux muscadins !

IV

Jean Taureau,

Nous avons dit que celui des cinq buveurs qui avait demandé des cartes, et qui s'était baptisé lui-même du nom de Jean Taureau — lequel nom semblait, du reste, merveilleusement approprié à son encalure — n'attendait qu'une occasion favorable pour faire éclater sa mauvaise humeur.

L'occasion ne tarda point à se présenter.

Nous espérons que le lecteur nous suit avec assez d'attention pour n'avoir pas oublié l'observation que Ludovic avait faite à l'endroit de l'atmosphère de la salle.

En effet, la vapeur des mets, l'odeur du vin, la fumée du tabac, les émanations des convives, avaient rendu l'air de cette espèce de grenier impossible à respirer par des poitrines habituées à un air pur. Selon toute probabilité, on n'avait pas ouvert la fenêtre depuis le dernier rayon de soleil du dernier automne; il en résulta qu'un même instinct de conservation poussa les trois amis vers la seule fenêtre qui donnât de la lumière à ce bouge, et, dans les cas extrêmes comme celui où l'on se trouvait, de l'air.

Pétrus y arriva le premier; il en souleva la partie inférieure, et accrocha l'anneau au clou destiné à la soutenir.

La fenêtre était ce que l'on appelle une fenêtre à guillotine.

Jean Taureau avait trouvé l'occasion qu'il cherchait.

Il se leva de son escabeau, et, appuyant ses deux poings sur la table :

— Ces messieurs ouvrent la fenêtre, à

ce qu'il paraît? dit-il en s'adressant collectivement aux trois jeunes gens, mais plus particulièrement à Pétrus.

— Comme vous voyez, mon ami, répondit celle-ci.

— Je ne suis pas votre ami, dit Jean Taureau ; fermez la fenêtre !

— Monsieur Jean Taureau, reprit Pétrus avec une politesse ironique, voici mon ami Ludovic, qui est un physicien distingué, et qui va vous expliquer, en deux secondes, de quels éléments l'air doit se composer pour être respirable.

— Que chante-t-il donc, celui-là, avec ses éléments?

— Il dit, monsieur Jean Taureau, répondit Ludovic d'un ton de politesse qui ne le cédait en rien à celui de Pétrus, pas même dans la nuance de raillerie que celui-ci avait adoptée, — il dit que l'atmosphère, pour ne pas être nuisible aux poumons d'un honnête homme, doit se composer de soixante-quinze à soixante-seize parties d'azote, de vingt-deux à vingt-trois parties d'oxygène, et de deux parties d'eau, — un peu plus, un peu moins.

— Dis donc, Jean Taureau, interrompit à son tour un des quatre hommes en blouse, je crois qu'il te parle latin?

— Bon! alors, moi, je vais lui parler français.

— Et s'il ne te comprend pas ?

— On bûchera, alors !

Et Jean Taureau montra deux poings qui égalaient en grosseur la tête d'un enfant.

Puis, d'une voix qui, s'il eût eu affaire à des hommes de sa classe, n'eût point admis d'opposition :

— Allons, dit-il, fermons cette fenêtre, et plus vite que cela !

— C'est peut-être votre avis, maître Jean Taureau, dit tranquillement Pétrus en se croisant les bras devant la fenêtre ouverte ; mais ce n'est pas le mien.

— Comment, ce n'est pas le tien? tu as donc un avis, toi?

— Pourquoi donc un homme n'aurait-il pas son avis, quand une brute en prétend avoir un?

— Dis donc, Croc-en-Jambe, fit Jean Taureau en fronçant le sourcil, et en s'adressant à l'un de ses convives qu'il eût été facile de reconnaître pour un chiffonnier, quand même il n'eût pas dénoncé par le nom significatif que lui donnait son interlocuteur, — je crois que ce muscadin de malheur m'appelle brute?

— Ça me semble aussi, répondit Croc-en-Jambe.

— Eh bien ! qu'est-ce qu'il y a à faire?

— Il y a à lui faire fermer la fenêtre

d'abord, puisque c'est ton idée, et à l'assommer ensuite.

— Bon! voilà qui est parler!

Puis, comme s'il adressait à des révoltés une troisième sommation :

— Allons, tonnerre! fermez la fenêtre!

— Oh! répondit tranquillement Pétrus, il n'y a ni tonnerre ni éclairs, la fenêtre restera ouverte.

Jean Taureau emplit si brusquement sa poitrine de cet air qui semblait aux jeunes gens impossible à respirer, que cette aspiration ressembla au mugissement de l'animal dont il avait pris le nom.

Robert sentit la querelle, et voulut l'empêcher, quoiqu'il comprît bien que c'était déjà presque impossible. — Au reste, si quelqu'un pouvait arriver à ce résultat, c'était assurément lui, c'est-à-dire le seul qui fût de sangfroid.

Il alla d'un air calme au-devant de Jean Taureau, et essayant de composer :

— Monsieur, dit-il, nous venons du dehors, et, en entrant dans cette salle, nous avons été suffoqués.

— Je crois bien, dit Ludovic, on n'y respire que de l'acide carbonique !

— Permettez-nous donc d'ouvrir la fenêtre un instant, pour renouveler l'air; nous la fermerons ensuite.

— Vous l'avez ouverte sans ma permission, dit Jean Taureau.

— Eh bien après? fit Pétrus.

— Il fallait la demander, et peut-être vous l'aurait-on accordée, la permission.

— Allons, assez! dit Pétrus; je l'ai ouverte parce que cela m'a plu, et elle restera ouverte tant que cela me plaira.

— Tais-toi, Pétrus, interrompit Jean Robert.

— Non, je ne me tairai pas... Crois-tu donc que j'aie l'habitude de me laisser mener par des drôles de cette espèce?

Au mot de *drôles,* les quatre camarades

de Jean Taureau se levèrent de table à leur tour, et s'approchèrent dans l'intention évidente de seconder les mauvaises intentions du provocateur.

A en juger par la dureté de leurs traits et par la férocité ou, tout au moins, la sauvagerie farouche dont leur physionomie était empreinte, c'étaient là quatre rudes gaillards qui, renforcés du cinquième personnage dont nous connaissons déjà les allures, ne cherchaient, comme lui, qu'une occasion propice de rompre, par une belle et bonne querelle, la monotonie de leur nuit de carnaval.

Au reste, il était facile d'assigner une profession à chacun de ces hommes.

Celui que Jean Taureau avait appelé Croc-en-Jambe était évidemment, non pas un chiffonnier proprement dit, comme aurait pu le faire croire la lanterne posée sur la table, et l'instrument qui lui avait valu le nom caractéristique de Croc-en-Jambe ; mais un individu appartenant à une variété de l'espèce, et qu'on appelait *ravageurs*, du nom de leur industrie, qui consistait, non à fouiller dans les tas d'ordures, mais à ravager, avec la pointe de leur croc, l'entre-deux des pavés du ruisseau.

Pour cette classe d'industriels, supprimée, depuis huit ou dix ans, par ordonnance de police, et surtout par la substitution des trottoirs aux chaussées, le ruisseau se transformait parfois en Pactole, et plus d'un y trouva des bagues, des bijoux, des pierres précieuses, soit perdus, soit jetés par les fenêtres en secouant une natte ou un tapis, comme, dans mes Mémoires, j'ai raconté que, vers l'époque où se passent les événements qui font le sujet de ce livre, avaient été jetées les boucles d'oreilles de Georges, lesquelles avaient échappé heureusement à messieurs les ravageurs.

Le second buveur, que Jean Taureau n'avait pas nommé, et que nous, qui sommes appelé à réparer cet oubli, désignerons par son nom de guerre, s'appelait Sac-à-Plâtre, sobriquet qui eût suffi à révéler son état, quand même les taches de chaux et la poussière blanchâtre dont étaient couvertes sa figure et ses mains ne l'eussent pas présenté comme un maçon à ses amis et à ses ennemis.

Parmi les premiers, et de ses meilleurs, était Jean Taureau : la manière dont ils avaient fait connaissance ne manque pas de caractère, et peindra la forme herculéenne de l'homme que nous venons de mettre en scène, et qui est destiné à jouer, dans cette histoire, non pas un des premiers rôles, mais un rôle — la suite nous le prouvera — qui n'est pas tout à fait sans importance.

Une maison de la Cité brûlait; l'escalier, atteint par les flammes, était tombé; un homme, une femme et un enfant criaient :

« Au secours ! » d'une fenêtre du second.

L'homme, qui était maçon, ne demandait qu'une échelle, ou même qu'une corde; avec cette échelle ou cette corde, il sauvait sa femme et son enfant.

Mais les assistants perdaient la tête ; on apportait des échelles de moitié trop courtes, des cordes qui ne pouvaient supporter le poids de trois personnes.

Le feu gagnait ; la fumée sortait à bouffées par les fenêtres, précédant la flamme, dont on voyait déjà les lueurs.

Jean Taureau passait.

Il s'arrêta.

— Eh bien! s'écria-t-il, n'avez-vous donc ici ni cordes ni échelles? Vous voyez bien que ces gens-là vont brûler!

Et, en effet, le danger était imminent.

Jean Taureau regarda autour de lui, et, voyant qu'aucun des objets demandés n'arrivait :

— Allons, dit-il en tendant les bras, jette l'enfant, Sac-à-Plâtre!

Le maçon, interpellé de ce nom, n'eut garde de se fâcher; il prit l'enfant, l'embrassa sur les deux joues, et le jeta à Jean Taureau.

Il y eut un cri d'effroi parmi les assistants.

Jean Taureau reçut l'enfant dans ses bras, et le passa immédiatement à ceux qui étaient derrière lui.

— Maintenant, dit-il, jette la femme !

Le maçon prit la femme dans ses bras, et, malgré les cris de celle-ci, il lui fit prendre le même chemin que venait de prendre l'enfant.

Jean Taureau reçut la femme dans ses bras ; seulement, il fit un pas en arrière.

— Ça y est! dit-il en posant sur ses pieds la femme à moitié évanouie, tandis que les spectateurs éclataient en bravos et en acclamations.

— Maintenant, cria-t-il à l'homme en

s'arc-boutant sur ses jambes, de toute la puissance de ses robustes reins, — maintenant, à ton tour !

Des deux mille personnes qui assistaient à ce spectacle, il n'y en eut pas une dont on entendit le souffle pendant les cinq secondes qui suivirent.

Le maçon monta sur le rebord de la fenêtre, fit le signe de la croix : puis, fermant les yeux, il sauta en murmurant :

— A la grâce de Dieu !

Cette fois, le choc fut terrible : Jean Taureau plia sur ses jarrets, fit trois pas en arrière, mais ne fut pas renversé.

Il y eut alors un cri immense dans la foule.

Tout le monde se précipita vers l'homme qui venait d'accomplir cet effroyable tour de force; mais, avant qu'on fût arrivé à lui, Jean Taureau avait desserré les bras, et était tombé à la renverse, évanoui et vomissant le sang.

Ni l'enfant, ni la femme, ni l'homme, n'avaient une seule égratignure.

Jean Taureau avait une veine du poumon rompue.

On le transporta à l'Hôtel-Dieu, d'où il sortit le surlendemain.

Le troisième compagnon, qui avait la

figure aussi noire que Sac-à-Plâtre l'avait blanche, et qui appartenait visiblement à l'estimable classe des charbonniers, s'appelait Toussaint. Jean Taureau, qui, dans ses relations avec les architectes, avait, par ceux-ci, entendu parler d'un nègre de génie, lequel avait failli faire une révolution à Saint-Domingue; Jean Taureau, qui ne manquait pas d'un certain esprit naturel, l'avait surnommé *Toussaint-Louverture*.

Le quatrième était un homme d'une cinquantaine d'années à peu près, à l'œil vif, aux gestes rapides, dont toute la personne exhalait une forte odeur de valériane; il était vêtu d'une veste de velours, d'un pantalon de velours, d'un gilet et d'une casquette de peau de chat; il répondait, dans l'intimité, au nom de père *la Gibelotte.*

C'était lui qui entretenait tous les cabarets de la Halle de ces lapins de gouttière que Jean Robert craignait si fort qu'on ne lui servît au lieu et place de lapins de garenne, et l'odeur de valériane qu'il exhalait était celle à l'aide de laquelle il attirait les malheureux animaux, dont il vendait la chair dix sous aux gargotiers, et la peau quinze sous aux tanneurs.

L'industrie était productive, mais dangereuse, et nous nous rappelons avoir lu, vers 1834 ou 1835, le compte-rendu d'un procès où un confrère du père la Gibelotte fut condamné à un an de prison et cinq cents francs d'amende, malgré le plaidoyer éloquent dans lequel il avait, en traitant la question gastronomique à la manière de Carême et de Brillat-Savarin, essayé de démontrer aux juges l'incontestable supériorité de la chair du chat sur celle du lapin.

Le cinquième acolyte — que nous reportons à la fin en vertu de cet axiome évangélique : *Les premiers seront les derniers* — le cinquième était Jean Taureau lui-même, lequel d'après ce que nous venons de raconter de sa force musculaire, pourrait se passer d'une plus ample description, si nous ne tenions pas à préparer, par un portrait physique aussi exact que possible, le développement moral d'un des caractères les plus singuliers que nous ayons connus.

Jean Taureau était un homme de cinq pieds six pouces à peu près, droit et solide comme les poutres de chêne qu'il équarrissait, étant charpentier de son état; espèce d'Hercule Farnèse taillé dans un bloc de granit, bloc lui-même, et qui, à la première vue, au lieu d'avoir besoin des quatre alliés qui s'avançaient à son secours, semblait bâti de manière à écraser l'un après l'autre ses trois ennemis rien qu'en les touchant du doigt.

Maintenant, si nous passons de la description du corps à celle de la physionomie et des vêtements, nous dirons que le visage du garçon charpentier, encadré de favoris noirs et épais qui lui faisaient un collier sous le menton, était celui d'un homme de trente à quarante ans; des cheveux courts et crépus, dont les anciens avaient fait, chez le fils de Jupiter et de Sémélé, le symbole de la force ; un cou dont la grosseur justifiait le nom ambitieux que notre homme s'était donné lui-même ou avait accepté de ses camarades, complétaient l'ensemble de ce type de la force inintelligente et brutale.

Ajoutons un détail oublié : Jean Taureau était vêtu d'une veste, d'un pantalon, d'un gilet et d'une casquette de velours verdâtre à côtes.

De la poche de sa veste sortait le sommet d'une équerre en bois, et, du gousset de son pantalon, la tête d'un long compas de fer placé à cheval sur la couture, de façon qu'une des branches se perdait dans la poche, et que l'autre pendait en dehors.

Tels étaient les cinq antagonistes auxquels allaient avoir affaire — à moins qu'il ne reculassent, et peut-être n'était-ce pas même un moyen infaillible d'éviter la querelle — auxquels, disons-nous, allaient avoir affaire Ludovic le médecin, Pétrus le peintre et Jean Robert le poète.

V

La Bataille.

Nous avons dit, au commencement du précédent chapitre, dans quelle position stratégique se trouvaient, relativement à leurs ennemis, les trois héros de notre histoire que nous avons conduits de la rue

Sainte-Appoline à l'entrée des halles, et que nous avons suivis, à travers leur imprudente odyssée, jusqu'au quatrième étage du tapis-franc.

Pétrus, appuyé contre la fenêtre ouverte, se tenait debout, les bras croisés, et regardant les cinq hommes du peuple d'un air de défi.

Ludovic examinait Jean Taureau avec une curiosité qui diminuait pour lui la gravité de la situation, et, homme de science, il se disait qu'il donnerait bien cent francs pour avoir à disséquer un sujet comme celui-là.

Peut-être, en y réfléchissant, en eût-il donné deux cents pour que ce sujet fût

Jean Taureau lui-même ; car il eût eu visiblement tout à gagner à avoir un pareil athlète mort et étendu sur une table, plutôt que de l'avoir devant lui, plein de vie, debout et menaçant.

Jean Robert, comme nous l'avons dit, s'était avancé moitié pour essayer d'arranger l'affaire, moitié, le cas échéant, pour recevoir ou donner les premiers coups.

Au reste, Jean Robert, qui, si jeune qu'il fût, avait lu beaucoup de livres, et particulièrement la théorie du maréchal de Saxe sur les influences morales — Jean Robert n'ignorait pas, en toute circonstance où l'emploi de la force doit être appliqué, le grand avantage qu'il y a de frapper le premier coup.

Une savante pratique de la boxe et de la savate combinée par un professeur alors inconnu, mais dont le nom devait acquérir plus tard une grande célébrité, rassurait, en outre, Jean Robert, doué personnellement d'une force physique qui eût pu rendre la lutte douteuse, s'il eût été placé en face d'un homme moins redoutable que Jean Taureau.

Comme nous l'avons dit, il était donc résolu à employer les moyens de conciliation, jusqu'au moment où il y aurait lâcheté à ne point accepter le combat.

Aussi fut-il le premier qui reprit la parole, paralysée aux lèvres de tous pendant le mouvement agressif opéré par les quatre hommes qui venaient en aide à Jean Taureau.

— Voyons, dit-il, avant de nous battre expliquons-nous... Que désirent ces messieurs?

— Est-ce pour nous insulter que vous nous appelez *ces messieurs?* dit le ravageur; nous ne sommes pas des messieurs, entendez-vous?

— Vous avez bien des raisons, s'écria Pétrus, vous n'êtes pas des messieurs; vous êtes des maroufles!

— On nous a appelés maroufles! hurla le tueur de chats.

— Ah ! nous allons vous en donner des maroufles ! cria le maçon.

— Mais laissez-moi donc passer ! dit le charbonnier.

— Taisez-vous, tous tant que vous êtes, et tenez-vous tranquilles : ça me regarde.

— Pourquoi ça te regarde-t-il plus que nous ?

— D'abord, parce qu'on ne se met pas cinq contre trois, surtout quand il suffit d'un seul. — A ta place, Gibelotte ! à ta place, ravageur !

Les deux hommes interpellés obéirent, et le tueur de chats et Croc-en-Jambe allèrent se rasseoir en grommelant.

— C'est bien ! dit Jean Taureau. Et maintenant, mes petits amours, nous allons reprendre la chanson sur le même air, et au premier couplet. — Voulez-vous fermer la fenêtre, s'il vous plaît?

— Non, répondirent ensemble les trois jeunes gens, qui n'avaient pas pu, vu l'intonation de la voix, prendre au sérieux la formule polie qui accompagnait l'invitation.

— Mais, dit Jean Taureau en levant ses deux bras au-dessus de sa tête, et tant que le plafond leur permettait de s'étendre, vous voulez donc vous faire pulvériser?

— Essayez, dit froidement Jean Robert

en s'avançant d'un pas de plus vers le charpentier.

Pétrus ne fit qu'un bond, et, de ce bond, vint se placer en face de l'hercule, comme pour faire à Robert un bouclier de son corps.

— Tiens les deux autres en respect avec Ludovic, dit Jean Robert en écartant Pétrus d'un revers de main ; je me charge de celui-ci.

Et, du bout du doigt, il toucha la poitrine du charpentier.

— Je crois que c'est de moi que vous parlez, mon prince ? dit en gouaillant le colosse.

— De toi-même.

— Et qu'est-ce qui me vaut l'honneur d'être choisi par vous ?

— Je pourrais bien te répondre que c'est parce qu'étant le plus insolent, c'est toi qui mérites la plus rude leçon ; mais ce n'est pas là la raison.

— J'attends la raison.

— Eh bien, c'est que, comme nous portons tous les deux le même prénom, nous sommes naturellement appareillés : tu t'appelles Jean Taureau, et je m'appelle Jean Robert.

— Je m'appelle Jean Taureau, c'est vrai, dit le charpentier, mais, toi, tu mens, quand tu dis que tu t'appelles Jean Robert ; tu t'appelles Jean F..... !

Le jeune homme en habit noir ne le laissa point achever ; de ces deux poings, ramenés en croix sur sa poitrine, l'un se détacha comme un ressort d'acier, et alla frapper le colosse à la tempe.

Jean Taureau, qui n'avait pas bougé en recevant dans ses bras une femme lancée du second étage, Jean Taureau fit trois ou quatre pas en arrière, et s'en alla tomber à la renverse sur une table dont les deux pieds se brisèrent sous son poids.

Une évolution à peu près pareille s'accomplissait, dans le même moment, entre les quatre autres combattants. Pétrus, maître en bâton et en savate, à défaut de bâton, passait la jambe au maçon, et l'envoyait rouler auprès de Jean Taureau, — tandis que Ludovic, en sa qualité d'anatomiste, lançait au charbonnier, dans la région du foie, entre la septième côte et le col du fémur, un coup de poing dont l'effet fut tel, qu'on put voir pâlir son visage sous la couche de charbon qui le couvrait.

Jean Taureau et le maçon se relevèrent.

Toussaint, qui était resté debout, alla s'asseoir sans haleine, et les deux mains appuyées au flanc, sur un tabouret adossé contre le mur.

Mais, comme on le comprend bien, cela n'était qu'une première attaque, une espèce d'escarmouche précédant le combat; et les trois jeunes gens n'en doutaient pas, car chacun d'eux se tint prêt à un nouvel assaut.

Au reste, la surprise avait été aussi grande pour les spectateurs que pour les acteurs.

A la vue de leurs deux camarades, Jean Taureau et Sac-à-Plâtre, qui tombaient à la renverse; à la vue de Toussaint-Louverture, qui allait s'asseoir en homme *qui en tient*, ils se levèrent tous les deux, et, sans s'inquiéter de la défense de Jean Taureau, ils vinrent, l'un son croc, l'autre une bouteille à la main, pour prendre leur part de la fête.

Le maçon n'avait été victime que d'une surprise, et s'était relevé avec plus de honte que de douleur.

Quant au charpentier, il lui avait semblé que l'extrémité d'une solive lancée par quelque catapulte était venue le frapper à la tête.

L'ébranlement de son cerveau se communiqua en un instant à tout son corps; il demeura pendant deux ou trois secondes abasourdi, avec un nuage de sang sur les yeux, un bruissement aux oreilles.

Au reste, le nuage de sang n'est point une figure: le coup de poing de Jean Robert avait, en glissant sur la tempe, sillonné le front, et la chevalière que le jeune homme portait à l'index avait ouvert, un peu au-dessus du sourcil du chevalier, un sillon sanglant.

— Ah! mille tonnerres! s'écria-t-il en revenant sur son antagoniste d'un pas encore mal assuré, ce que c'est que d'être pris au dépourvu : un enfant vous battrait!

— Eh bien, cette fois-ci, prends ton temps, Jean Taureau, et tiens-toi bien! car mon intention est de t'envoyer casser les deux autres pieds de la table.

Jean Taureau s'avança le poing levé, se livrant de nouveau à son adversaire, comme fait presque toujours, à l'adresse, la force inexpérimentée et confiante ; toute la théorie de la boxe repose là-dessus : il faut moins de temps au poing pour parcourir une ligne droite que pour décrire une parabole.

Cependant, cette fois, ce n'était point l'attaque, c'était seulement la défense que Jean Robert avait confié à ses mains : son bras droit ne lui servit plus qu'à amortir le coup terrible dont le menaçait Jean Taureau, et, au moment où le poing du charpentier s'abattait sur lui, Jean Robert faisait lestement un tour sur lui-même, et, grâce à sa grande taille, détachait au beau milieu de la poitrine de son adversaire un de ces terribles coups de pied en arrière dont Lecour seul, à cette époque, avait encore le privilége et le secret.

Jean Robert n'avait point menti dans la prédiction qu'il avait faite au charpentier : celui-ci reprit à reculons le chemin qu'il avait déjà fait, et alla, sinon tomber, du moins se coucher de nouveau sur la table.

Du reste, il ne cria ni même ne parla : le coup qu'il venait de recevoir avait complètement éteint sa voix.

Quant aux trois autres, voici ce qui était arrivé.

Pétrus, avec son agilité habituelle, avait fait face à deux adversaires : au ravageur, qui s'avançait sur lui son croc à la main, il avait envoyé un tabouret au visage, et, tandis que l'homme et le meuble se débarbouillaient ensemble, d'un coup de tête dans le ventre, il avait, en véritable Breton qu'il était, jeté sur son derrière le maçon.

Ludovic n'avait donc eu affaire qu'au tueur de chats, adversaire peu redoutable, que, dans son ignorance de l'art où ses deux compagnons étaient passés maîtres, il avait pris corps à corps, et avec lequel il avait roulé sur le plancher.

Seulement, Gibelotte avait eu tout le désavantage de la lutte, et était tombé dessous.

Mais, au lieu de profiter de son avantage, Ludovic, en maintenant son adversaire sous son genou, s'était demandé d'où venait cette odeur de valériane qu'il répandait avec autant de profusion.

Il réfléchissait à ce problème passablement insoluble, quand le ravageur et le maçon, voyant le charpentier démantelé pour la seconde fois, Toussaint se remettant à peine de son coup de poing dans le côté, et le tueur de chats sous le genou de Ludovic, se mirent à crier :

— Aux couteaux! aux couteaux!

En ce moment, le garçon rentrait, apportant des huîtres.

D'un coup d'œil, il jugea la situation, posa ses coquillages sur la table, et descendit vivement l'escalier, sans doute pour prévenir qui de droit de ce qui se passait.

Mais son apparition, pour les acteurs de la scène, ne fut qu'un détail.

Ils avaient trop à faire pour s'occuper de son apparition et de sa disparition, si rapides, que, ne fussent les huîtres, qui attestaient la présence d'un garçon, on eût pu croire à un rêve.

Mais ce qui n'était pas un rêve, c'était ce qui se passait au quatrième et à l'étage au-dessous.

Au bruit de la double chute du charpentier, au craquement de la table brisée, aux cris : « Aux couteaux! aux couteaux! » les ivrognes endormis dans la salle du troisième s'étaient réveillés en sursaut; les moins ivres avaient prêté l'oreille; un d'eux, en chancelant, avait été ouvrir la porte, et ceux qui voyaient encore avaient vu le garçon passer tout effaré dans la pénombre de l'escalier.

Alors, en gens d'expérience, ces hommes s'étaient doutés de ce qui arrivait, et, tout à coup, les trois jeunes amis avaient entendu par les degrés un bruit de pas précipités, et des vociférations semblables aux rugissements de la mer pendant l'orage.

C'était l'écume de la halle qui montait, et bientôt, par la porte béante, on vit la salle s'emplir de personnages étranges, avinés, hébétés, furieux d'avoir été troublés au milieu de leur sommeil.

— Ah ça! mais on s'égorge donc ici? crièrent vingt voix enrouées et dissonnantes.

A l'aspect de cette foule, ou plutôt de cette meute, Jean Robert, le plus impressionnable des trois jeunes gens, sentit, malgré lui, courir dans ses veines cette sensation de froid glacial qu'éprouve tout être si fort qu'il soit, au contact d'un reptile, et, se tournant vers son camarade le peintre, il ne put s'empêcher de murmurer :

— Ah! Pétrus! où nous as-tu conduits!...

Mais Pétrus improvisait tout un nouveau système de défense.

Aux cris : « Aux couteaux! aux couteaux! » que répétaient les quatre forcenés, — car le charpentier et Toussaint, qui avaient retrouvé la voix, faisaient leur partie dans ce concert de menaces, — Pétrus avait répondu par le cri : « Aux barricades! » qui n'avait pas été poussé une seule fois dans les rues de Paris depuis la fameuse journée à laquelle ce système de défense a donné un nom historique.

On sait que les Parisiens se sont dédommagés plus tard de ce mutisme de deux cent cinquante ans.

Et, en poussant le cri : « Aux barricades! » Pétrus, tirant Jean Robert après lui, et forçant Ludovic à se relever, se réfugia, avec ses deux compagnons, dans un angle qu'ils séparèrent à l'instant même du reste de la salle par un rempart de tables et de bancs.

Pétrus avait, en outre, profité de l'instant de trêve, si court qu'il fût, que lui avait donné sa victoire, pour arracher de la fenêtre le bâton jadis doré qui soutenait les rideaux, bâton qui, depuis le commencement du combat, faisait l'objet de son ambition. Jean Robert avait emporté sa canne. Ludovic se contentait des armes que la nature lui avait données.

En un instant, les trois amis se trouvèrent à l'abri, derrière leur forteresse improvisée.

— Tenez, dit Pétrus aux deux autres en leur montrant dans le coin le plus reculé du bastion un monceau de bouteilles vides, de fragments de plats, de coquilles d'huîtres, de fourchettes de fer, de couteaux sans manches, de manches sans lames, vous voyez que les munitions ne nous manqueront pas!

— Non, dit Jean Robert; mais où en sommes-nous, comme coups et blessures? quant à moi, j'ai donné, mais je n'ai pas reçu.

— Sain et sauf! dit Pétrus.

— Et toi, Ludovic?

— Moi, je crois que j'ai reçu un coup de poing entre la mâchoire et la clavicule; mais ce n'est pas cela qui me préoccupe.

— Et qu'est-ce qui te préoccupe donc? dit Jean Robert.

— Je voudrais savoir pourquoi celui à qui j'ai eu affaire en dernier lieu sent si fort la valériane.

C'est en ce moment que les rugissements de la foule étaient venus ajouter une nouvelle préoccupation aux préoccupations déjà passablement graves des trois jeunes gens.

VI

Monsieur Salvator.

La vue de la foule avait produit sur les hommes du peuple un effet tout opposé à celui qu'elle avait produit sur les gens du monde.

Le charpentier et ses compagnons sentaient que c'était un secours qui leur arrivait.

Jean Robert et ses amis comprenaient que c'étaient de nouveaux adversaires qui venaient à eux.

Naturellement, les sympathies vont aux semblables.

Aussi, tout en jetant des regards féroces sur les trois jeunes gens, retirés dans leur fort, cette foule entourait-elle Jean Taureau et ses compagnons, en leur demandant l'explication de tout ce bruit.

L'explication était difficile à donner ; le charpentier avait eu un premier tort :

c'était d'exiger des jeunes gens qu'ils fermassent la fenêtre.

Puis il avait eu un second tort, bien plus grave que le premier : c'était d'avoir reçu de Jean Robert un coup de poing et un coup de pied qui lui avaient, l'un déchiré le visage, l'autre défoncé la poitrine.

Il conta son cas à la foule ; mais de quelque façon qu'il tournât la chose, il ne pouvait sortir de ce double cercle : « J'ai voulu faire fermer la fenêtre, et la fenêtre est restée ouverte ! — J'ai voulu battre, et j'ai été battue ! »

Aussi la foule, en brave foule qu'elle était, pleine de sens au fond, malgré ses préjugés contre les habits noirs, comprenant —

pour me servir d'une expression vulgaire, mais qui peint parfaitement ce qu'elle veut peindre — la foule comprenant, dis-je, que Jean Taureau était le *dindon de la farce*, se mit à lui rire au nez.

Le charpentier n'avait pas besoin de cette nouvelle excitation.

Il n'était que furieux : ce rire le rendit fou.

Il chercha des yeux les trois jeunes gens, les vit barricadés dans leur coin, et déjà attaqués par ses quatre compagnons, aussi exaspérés que lui.

— Arrêtez! leur cria-t-il, arrêtez! laissez-moi pulvériser l'habit noir!

Mais ses quatre compagnons étaient sourds.

Il est vrai qu'en échange, ils n'étaient pas muets.

Le ravageur venait de recevoir au-dessous de l'œil un tesson de bouteille lancé par Ludovic, lequel tesson lui avait ouvert la joue.

Jean Robert, d'un coup de tabouret, avait fendu la tête à Toussaint.

Enfin, Pétrus, de deux coups de pointe de son bâton, avait, à travers les interstices de la barricade, atteint le tueur de chats à la poitrine, et le maçon au flanc.

Les quatre blessés hurlaient à tue-tête :

— A mort ! à mort !

C'était bien, en effet, devenu un combat à mort.

Exaspéré par les rires de la foule, et par la vue du sang qui ruisselait sur les vêtements de ses compagnons et sur les siens, Jean Taureau avait tiré de sa poche son compas de fer, et, l'arme terrible à la main, s'avançait seul contre la barricade.

Pétrus et Ludovic s'élancèrent d'un même mouvement, armés chacun d'une bouteille, et prêts à casser la tête au charpentier ; mais Jean Robert, voyant que c'était le seul adversaire sérieux qui restât, et qu'il fallait pour une bonne fois en finir avec lui, fit descendre ses deux amis en les tirant par leurs vestes de malins, donna dans la barricade un coup de pied qui ouvrit une brèche, et, sortant par cette brèche sa petite badine à la main :

— Mais vous n'en avez donc pas encore assez ? demanda-t-il à Jean Taureau.

La foule éclata de rire, et battit des mains.

— Non ! dit celui-ci, et je n'en aurai assez que quand je t'aurai fourré six pouces de mon compas dans le ventre !

— C'est-à-dire que comme vous n'êtes pas le plus fort, Jean Taureau, vous voulez être le plus traître ? c'est-à-dire que, ne pouvant me vaincre, vous voulez m'assassiner ?

— Je veux me venger, mille tonnerres! cria le charpentier s'excitant au bruit de ses propres paroles.

— Prends garde, Jean Taureau! dit le jeune homme ; car, sur mon honneur, tu n'as jamais couru danger pareil à celui que tu cours en ce moment.

Puis, s'adressant à la foule :

— Vous êtes des hommes, dit-il ; faites entendre raison à cet homme : vous voyez que je suis calme, et qu'il est insensé.

Quatre ou cinq hommes se détachèrent du cercle, et s'avancèrent entre le charpentier et Jean Robert.

Mais cette intervention, au lieu de calmer

Jean Taureau, sembla redoubler son exaspération.

Il repoussa les cinq hommes rien qu'en étendant les bras.

— Ah ! dit-il, jamais je n'ai couru danger pareil à celui que je cours ! Est-ce avec cette badine que tu comptes te défendre contre mon compas ? Dis !

Et il brandissait au-dessus de sa tête l'instrument aigu, qui, en se développant, avait pris au moins dix-huit pouces de longueur.

— C'est justement où tu te trompes, Jean Taureau, dit le jeune homme : ma badine n'est point une badine ; c'est une vipère, et si tu en doutes, tiens, ajouta-t-il en tirant de la frêle canne, l'épée à laquelle elle servait de fourreau, voilà son dard!

Et une lame triangulaire, fine, aiguë, longue de douze à quinze pouces, brilla au poignet du jeune homme, qui se posa en garde comme pour un duel.

La foule tout à la fois hurla de joie, et frémit de terreur.

Le vin était bu, le sang allait couler : les choses suivaient la progression ordinaire; les péripéties se succédaient, selon la loi de l'art dramatique, plus intéressantes les unes que les autres.

— Ah ! dit le charpentier, visiblement

soulagé du remords contre lequel il luttait, tu as donc une arme aussi? Je n'attendais que cela!

Et, la tête baissée, le bras levé, découvrant sa poitrine avec l'inexpérience de la force, Jean Taureau s'élança sur le jeune homme à l'habit noir et à la fine épée.

Mais, tout à coup, une main puissante lui saisit le poignet et le secouant vigoureusement, lui fit lâcher le compas qui en tombant resta fiché en terre.

Le charpentier se retourna en poussant une imprécation terrible.

Mais à peine eut-il vu celui à qui il avait affaire, que sa voix passant de l'accent de la menace à l'intonation du respect :

— Ah! monsieur Salvator! dit-il; pardon, c'est autre chose...

— Monsieur Salvator! répéta la foule; ah! soyez le bien venu : ça allait mal tourner!

— M. Salvator? murmurèrent à la fois Jean Robert, Pétrus et Ludovic. Qu'est-ce que cela?

— Voilà un gaillard dont le nom est de bon augure, ajouta Pétrus; voyons s'il fera honneur à son nom.

Le personnage qui, pareil au Dieu antique, était intervenu si miraculeusement pour substituer, selon toute probabilité, un dénouement pacifique à une sanglante péripétie, et qui semblait, lui aussi, être sorti d'une machine, tant son apparition était imprévue et instantanée semblait un homme de trente ans à peu près.

C'était bien, en effet, au moment où il apparut, et où il promena son regard dominateur sur la foule, le mâle et doux visage de l'homme à cette trentième année de la vie, où la beauté est dans toute sa force et la force dans toute sa beauté.

Un instant après, il eût été fort embarrassant, pour ne pas dire impossible, de lui assigner un âge positif, à dix ans près.

Son front avait bien la candeur et la sérénité de la jeunesse, quand son regard errait autour de lui curieux et bienveillant;

mais dès que le spectacle que rencontraient ses regards lui inspirait le dégoût, ses sourcils noirs se fronçaient, et son front couvert de rides empruntait l'aspect de la virilité.

Ainsi, lorsque après avoir arrêté le bras du charpentier, et lui avoir, par la simple pression de sa main, fait lâcher l'arme dont il menaçait son adversaire; lorsque après avoir jeté un coup d'œil rapide sur les trois jeunes gens, et les avoir reconnus pour des hommes du monde égarés dans un mauvais lieu, il acheva d'embrasser le cercle dont il n'avait encore parcouru que la moitié, et qu'il vit le Ravageur étendu sur une table, la figure ouverte ; les habits du maçon marqués de larges taches de sang ; le charbonnier pâle sous son masque noir, et le tueur de chats les deux mains sur son côté, criant qu'il était mort, cette vue à laquelle il devait, cependant, s'attendre imprima sur toute sa physionomie un air de rudesse et de sévérité qui fit baisser la tête aux plus farouches, et pâlir les plus avinés.

Comme c'est le héros principal de notre histoire que nous venons de mettre en scène, il faut que nos lecteurs nous permettent de faire pour lui ce que nous avons fait pour des personnages bien moins importants, c'est-à-dire de leur donner la description la plus exacte possible de sa personne.

C'était d'abord, comme nous l'avons dit,

un homme de trente ans, *ou à peu près.*

Ses cheveux noirs étaient souples et bouclés ; ce qui les faisait paraître moins longs qu'ils n'étaient en réalité, et que si, dans toute leur longueur, ils fussent retombés sur ses épaules ; ses yeux étaient bleus, doux, limpides, clairs comme l'eau d'un lac, et, de même que l'eau du lac, auquel nous venons de les comparer réfléchit le ciel, les yeux du jeune homme au nom sonore et doux semblaient être le miroir où se reflétaient les plus sereines pensées de l'âme.

L'ovale de son visage était d'une pureté raphaëlesque ; rien n'en troublait le contour gracieux, et l'on en suivait les lignes harmonieuses avec cette joie ineffable que l'on éprouve à la vue de la courbe suave qu'aux premiers jours de mai le soleil levant profile à l'horizon.

Le nez était droit et fort sans être trop largement accusé; la bouche était petite, bien meublée, et fine en apparence, car, sous la moustache noire qui l'ombrageait, il était impossible d'en apercevoir exactement le dessin.

Son visage, plutôt mat que pâle, était entouré d'une barbe noire et fournie, quoique peu épaisse ; les ciseaux où le rasoir n'avaient, certainement, jamais passé par là : c'était le poil follet dans toute sa ténuité, la barbe vierge dans toute sa grâce, soyeuse et clair semée, adoucissant les traits au lieu de les durcir.

Mais ce qu'il y avait surtout de frappant dans ce jeune homme, c'était le ton blanc, c'était la mateur de sa peau ; ce ton n'était, en effet, ni la pâleur jaunâtre du savant, ni la pâleur blanche du débauché, ni la pâleur livide du criminel : pour donner une idée de la blancheur immaculée de ce visage, nous ne trouverons d'image et de comparaison que dans la pâleur mélancolique et lumineuse de la lune, dans les pétales transparentes du lotus blanc, dans la neige intache qui couronne le front de l'Hymalaya.

Quant à son costume, il consistait en

une espèce de paletot de velours noir qu'on n'aurait eu besoin que deserrer à la taille pour lui donner l'air d'un pourpoint du quinzième siècle, en un gilet de velours noir et en un pantalon de velours noir.

Une casquette de même étoffe était posée sur sa tête, et l'on était tout étonné, si peu artiste que l'on fût, de chercher inutilement la plume d'aigle, de héron ou d'autruche, qui, de cette casquette, eût fait une toque.

Ce qui donnait, au milieu de la foule, un caractère singulier d'aristocratie à ce costume, complété par un foulard de soie de couleur pourpre, noué négligemment autour du cou, c'est que ce costume, au lieu d'être en velours de coton, comme celui des gens du peuple, était en velours de soie, comme la robe d'une actrice ou d'une duchesse.

Ce costume pittoresque frappa non-seulement Jean Robert et Ludovic, mais encore Pétrus ; l'effet qu'il produisit sur ce dernier fut même si grand, qu'après s'être écrié comme nous l'avons dit, en entendant prononcer le nom de Salvator : « Voilà un gaillard dont le nom est de bonne augure ; voyons s'il fera honneur à son nom, » il ajouta :

— Sacrebleu ! le beau modèle pour mon Raphaël chez la Fornarina, et comme je lui donnerais bien six francs par séance au lieu de quatre, s'il voulait poser !

Quant à Jean Robert, en sa qualité de poète dramatique cherchant partout et dans tout des effets de théâtre, ce qui l'avait le plus frappé c'était l'accueil respectueux dont ce jeune homme avait été l'objet de la part de la foule furieuse, accueil qui lui avait rappelé le *quos ego* de Neptune, nivelant sous son trident divin les flots irrités de l'archipel de Sicile.

VII

**Où Jean Taureau bat en retraite définitivement et
où la foule le suit.**

Depuis l'entrée du mystérieux étranger salué du nom de M. Salvator, le plus profond silence régnait dans la salle, et l'on entendait à peine la respiration des trente ou quarante personnes qui l'encombraient.

Ce silence fut pris par le charpentier pour un blâme tacite; un moment étourdi par la présence du nouveau venu, et par la façon dont celui-ci l'avait désarmé, il se remit peu à peu, et adoucissant autant qu'il lui était possible les sons rauques de sa voix :

— Monsieur Salvator, dit-il, laissez-moi vous expliquer...

— Tu as tort! interrompit le jeune homme, du ton d'un juge qui prononce une sentence.

— Mais puisque je vous dis...

— Tu as tort! répéta le jeune homme.

— Mais, enfin...

— Tu as tort, te dis-je !

— Comment le savez-vous, au bout du compte, puisque vous n'étiez pas là, monsieur Salvator ?

— Ai-je besoin d'être là pour savoir comment les choses se sont passées ?

— Dame ! il me semble...

Salvator étendit la main vers Jean Robert et ses deux amis, qui s'étaient réunis en groupe, et qui s'appuyaient les uns aux autres.

— Regarde, dit-il.

— Eh bien, je regarde, répondit Jean Taureau. Après ?

— Que vois-tu?

— Je vois trois muscadins à qui j'ai promis de donner une tripotée et qui la recevront, un jour ou l'autre.

— Tu vois trois jeunes gens bien mis, élégants, *comme il faut*, qui ont eu le tort de venir dans un bouge comme celui-ci, mais ce n'était pas un motif pour leur chercher querelle.

— Moi, leur chercher querelle?

— Allons, ne vas-tu pas dire que ce sont eux qui t'ont provoqué, toi et tes quatre compagnons?

— Eh! cependant, vous voyez bien qu'ils étaient en état de se défendre.

— Parce que l'adresse, et surtout le droit étaient de leur côté... Tu crois que la force est tout, toi qui as changé insolemment ton nom de Barthélemy Lelong contre celui de Jean Taureau? Tu viens d'avoir la preuve du contraire. Dieu veuille que la leçon te profite!

— Mais puisque je vous dis que ce sont eux qui nous ont appelés drôles, maroufles, rustres...

— Et pourquoi vous ont-ils appelés ainsi?

— Qui nous ont dit que nous étions ivres.

— Je te demande pourquoi ils vous ont dit cela?

— Parce que nous voulions leur faire fermer la fenêtre.

— Et pourquoi ne voulais-tu pas que la fenêtre fût ouverte?

— Parce que... parce que...

— Parce que quoi? Voyons!

— Parce que, dit Jean Taureau, je n'aime pas les courants d'air.

— Parce que tu étais ivre, comme ces messieurs te l'ont dit; parce que tu voulais chercher une dispute à quelqu'un, et que tu as saisi l'occasion aux cheveux; parce que tu as encore eu quelque querelle chez toi, et que tu voulais faire payer aux innocents les caprices ou les infidélités de mademoiselle.

— Taisez-vous, monsieur Salvator, ne prononcez pas son nom, interrompit vivement le charpentier ; la malheureuse, elle me fera mourir !

— Ah ! tu vois bien que j'ai touché juste !

Puis, fronçant le sourcil :

— Ces messieurs ont bien fait d'ouvrir la fenêtre : l'air qu'on respire ici est infect, et comme ce n'est pas trop de deux fenêtres ouvertes pour quarante personnes, tu vas à l'instant même aller ouvrir la seconde.

— Moi? dit le charpentier se cramponnant, pour ainsi dire, au parquet par les pieds ; moi, aller ouvrir une fenêtre, quand je demande qu'on ferme l'autre? moi, Barthélemy Lelong, fils de mon père?

— Toi, Barthélemy Lelong, ivrogne et querelleur, qui déshonore le nom de ton père et qui as bien fait par conséquent de prendre un sobriquet, — je te dis, moi, que tu vas aller ouvrir cette fenêtre pour te punir d'avoir provoqué ces trois messieurs.

— Le tonnerre gronderait au-dessus de ma tête, dit Barthélemy Lelong en levant son poing au plafond, que je n'obéirais pas.

— Alors, je ne te connais plus sous aucun nom ; tu n'és plus pour moi qu'un ouvrier grossier et insulteur, et je te chasse d'où je suis.

Puis, étendant la main avec un geste d'empereur :

— Va-t-en ! dit-il.

— Je ne m'en irai pas ! hurla le charpentier écumant de rage.

— Au nom de ton père, dont tu as invoqué le nom tout à l'heure, je t'ordonne de t'en aller !

— Non, tonnerre ! non, je ne m'en irai pas ! répondit Barthélemy Lelong en se mettant à cheval sur un banc, et en serrant le banc de ses deux mains, comme s'il se fût préparé à s'en faire une arme en cas de besoin.

— Tu veux donc me pousser à bout? dit Salvator d'une voix si calme qu'on n'eût jamais pu penser qu'elle renfermait une suprême menace.

Et, en même temps, il marchait sur le charpentier.

— N'approchez pas, monsieur Salvator! s'écria celui-ci en se reculant de toute la longueur du banc, à mesure que le jeune homme s'avançait; — N'approchez pas!

— Vas-tu sortir? demanda Salvator.

Le charpentier prit le banc, et le souleva,

comme pour en frapper le jeune homme.

Puis, rejetant le banc loin de lui :

— Vous savez bien que vous pouvez me faire tout ce que vous voudrez et que je me couperais la main plutôt que de vous frapper... Mais, de bonne volonté, non! non! non! je ne sortirai pas!

— Misérable entêté! s'écria Salvator en saisissant à la fois Jean Taureau par la cravate et par la ceinture de son pantalon.

Jean Taureau poussa un rugissement de rage.

— Vous pouvez m'emporter, dit-il ; je me laisserai faire, mais je ne serai pas sorti de bonne volonté.

— Qu'il soit donc fait comme tu désires, dit Salvator.

Et, donnant une violente secousse au colosse inerte, il le déracina, pour ainsi dire, du parquet, comme il eût déraciné un chêne de terre, et, le portant jusqu'à l'escalier, au-dessus duquel il le balança :

— Veux-tu descendre l'escalier marche à marche, ou le descendre d'une seule fois ? demanda-t-il.

— Je suis dans vos mains : faites de moi ce que vous voudrez; mais, pour m'en aller de bonne volonté, non, je ne m'en irai pas.

— Tu t'en iras donc de force, alors, misérable !

Et il le lança comme un ballot du quatrième au troisième étage.

On entendit rouler et rebondir de marche en marche le corps de Jean Taureau ou de Barthélemy Lelong, selon que le lecteur préférera appeler le charpentier de son nom de famille ou du sobriquet qu'il s'était donné lui-même.

La foule ne poussa pas un cri, ne souffla pas le mot : elle était satisfaite ; — elle admirait.

Les trois jeunes gens seuls étaient profondément émus — Pétrus, le rieur, était devenu sombre : Ludovic, le flegmatique, sentait son cœur battre violemment ; quant à Jean Robert, le poète sensitif, il était le seul qui, en apparence, eût conservé son sangfroid.

Seulement, quand il vit rentrer Salvator sans le charpentier, il remit son épée au fourreau, et passa son mouchoir sur son front couvert de sueur.

Puis il alla droit à Salvator, et lui tendit la main.

— Merci, monsieur, lui dit-il, de nous avoir délivrés, mes amis et moi, de cet ivrogne endiablé ; seulement, je redoute fort pour lui les suites de cette chute.

— Ne redoutez rien pour lui, monsieur! répondit Salvator en mettant sa main blanche et aristocratique, cette main qui venait d'accomplir un si prodigieux tour de force, dans la main qu'on lui tendait; il gardera quinze jours ou trois semaines le lit, voilà tout; et, pendant ces quinze jours ou ces trois semaines, il pleurera amèrement la scène qui vient de se passer.

— Comment cet homme féroce pleurera? demanda avec étonnement Jean Robert.

— Il pleurera des larmes amères, des larmes de sang, comme je vous le dis... C'est le meilleur cœur et le plus honnête homme que je connaisse! Ne vous inquiétez donc pas de lui, mais de vous.

— Comment, de moi?

— Oui... Voulez-vous me permettre de vous donner un conseil d'ami ?

— Parlez, monsieur.

— Eh bien, dit Salvator en baissant la voix, de manière à ce que nul autre que celui auquel il s'adressait ne pût l'entendre, eh bien, si vous voulez m'en croire, ne remettez jamais les pieds ici, monsieur Jean Robert.

— Vous me connaissez? s'écria Jean Robert stupéfait.

— Mais je vous connais comme tout le monde, répondit Salvator avec une exquise politesse ; n'êtes-vous pas un de nos poètes célèbres ?

Jean Robert rougit jusqu'au blanc des yeux.

— Et, maintenant, dit Salvator en se tournant vers la foule, et en changeant complètement de ton et de manière, vous devez être contents, vous en avez assez eu pour votre argent, j'espère ! Faites-moi donc l'amitié de déguerpir au plus vite ; il n'y a de l'air que pour quatre ici : c'est vous dire, mes chers amis, que je désire rester seul avec ces trois messieurs.

La foule obéit comme fait une bande d'écoliers à la voix du maître; elle descendit en ordre, saluant de la voix, de la tête et de la main, ce jeune homme qui paraissait commander, et dont le visage n'était pas plus ému, après la scène orageuse qui venait de se passer, que la face du firmament après la tempête.

Les quatre camarades de Jean Taureau, y compris le Ravageur, que sa blessure avait dégrisé, défilèrent devant Salvator, la tête basse; et chacun d'eux, en passant près de lui, s'inclina aussi respectueusement que l'eut fait un militaire pour son supérieur.

Quand le dernier eut disparu, le garçon apparut au seuil de la porte.

—Faut-il toujours servir ces messieurs? demanda-t-il?

— Plus que jamais! dit Jean Robert.

Puis, se tournant vers Salvator :

— Nous ferez-vous le plaisir de souper avec nous, M. Salvator ? demanda-t-il.

— Volontiers, répondit Salvator; mais ne demandez rien de plus pour moi : J'étais en train de commander mon souper en bas, lorsqu'ayant entendu du bruit je suis monté.

— Vous entendez, garçon ? dit Jean Robert; le souper de M. Salvator avec le nôtre.

— Compris ? dit le garçon.

Et il descendit.

Cinq minutes après, les quatre jeunes gens étaient attablés.

On but d'abord aux vainqueurs, puis aux vaincus, puis à celui qui était si heureusement arrivé pour prévenir une plus grande effusion de sang.

— Au reste, dit en riant Salvator à Jean Robert, vous me paraissez posséder assez proprement la boxe, la savatte et l'escrime! Vous avez donné au pauvre Jean Taureau un majestueux coup de poing à la tempe, un triomphant coup de pied vers l'épigastre, et vous alliez lui allonger un gracieux coup d'épée, quand, par bonheur, je suis intervenu... Mais n'importe! vous étiez admirablement campé, et, à la place de M. Pétrus, je voudrais faire une exquisse de vous dans cette position,

— Ah! ah! dit Pétrus, vous me connaissez donc aussi, moi?

— Ah! oui, répondit Salvator avec un soupir, comme si cette affirmation lui rappelait quelque mélancolique souvenir; avant d'avoir un atelier rue de l'Ouest, vous avez demeuré rue du Regard : c'est à cette époque que j'ai eu le plaisir de vous voir deux ou trois fois.

Puis se retournant vers le troisième compagnon, qui gardait un silence obstiné, et qui semblait poursuivre la solution d'un problème qu'il ne pouvait résoudre :

— Qu'avez-vous donc, monsieur Ludovic? demanda Salvator; vous avez l'air tout soucieux! Je comprendrais cela si vous aviez encore votre examen à passer, et votre thèse à soutenir; mais c'est une chose faite, Dieu merci, depuis trois mois, et avec bonheur !

Jean Robert regardait Salvator avec étonnement; Pétrus éclata de rire.

— C'est un pari, dit-il.

— Ah! pardieu! monsieur Salvator, dit Ludovic, puisque vous savez tant de choses....

— Vous êtes bien bon! interrompit en souriant Salvator.

— Puisque vous savez que mon ami Jean Robert est un poète, puisque vous savez que mon ami Pétrus est un peintre;

puisque vous savez que, moi, je suis médecin, savez-vous... savez-vous pourquoi le tueur de chats infectait la valériane ?

— Êtes-vous pêcheur, monsieur Ludovic ?

— Dans mes moments perdus, répondit Ludovic ; mais je tâche d'être toujours occupé.

— Eh bien, si peu que vous soyez pêcheur, vous savez que l'on parfume au musc ou à l'anis le blé avec lequel on amorce les carpes.

— Il n'est pas besoin d'être pêcheur pour savoir cela ; et il ne s'agit que d'être tant soit peu naturaliste.

— Eh bien, la valériane est aux chats ce

que le musc et l'anis sont aux carpes : elle les attire ; et comme maître Gibelotte est un pêcheur de chats...

— Oh! reprit Ludovic se parlant à lui-même, avec ce flegme à moitié comique qui faisait une des nuances originales de son caractère, — ô science! mystérieuse déesse! sera-ce donc toujours par hasard que l'on soulèvera un coin de ton voile? Et quand on pense que, si je ne m'étais pas déguisé en malin ce soir ; que, si Pétrus n'avait pas eu l'idée de souper au tapis-franc, nous ne nous serions pas disputés, je ne me serais pas battu avec un tueur de chats, vous ne seriez pas venu mettre la paix entre nous, et la science était peut-être dix ans, cinquante ans, un siècle en core à découvrir que la valériane attire les chats comme le musc les carpes!

Le souper fut gai.

Pétrus raconta, en style d'atelier, l'histoire de vingt portraits qu'il avait faits dans une auberge de rouliers pour payer sa dépense, montant à dix francs vingt centimes; — ce qui mettait chaque portrait au prix exorbitant de cinquante et un centimes.

Ludovic prouva mathématiquement qu'il n'y avait jamais de jolies femmes sérieusement malade, et il soutint ce paradoxe pendant un quart d'heure avec une verve et un entrain qu'on était loin d'attendre de sa flegmatique personne.

Jean Robert raconta le plan d'un nouveau drame qu'il composait pour Bocage et madame Dorval, sur lequel drame, le jeune homme au costume de velours noir lui fit les plus judicieuses observations.

Puis les bouteilles se succédèrent, et, comme Pétrus et Ludovic avaient fait le complot de griser M. Salvator pour le faire parler, il arriva ce qui arrive presque toujours, en pareil cas, que ce fut M. Salvator qui garda son sangfroid, et les jeunes gens qui se grisèrent.

Quant à Jean Robert, même au tapis-franc, il ne buvait jamais que de l'eau.

Peu à peu, Pétrus et Ludovic, s'excitant l'un l'autre, dépassèrent pour eux-mêmes cette limite de l'ivresse où ils eussent voulu conduire Salvator : ils racontèrent des histoires insignifiantes ou morales ; ils répétèrent des mots dont on avait déjà ri au commencement du souper ; bref, ils tombèrent tout à coup, et tous deux sympathiquement, dans l'atonie la plus complète, situation de laquelle ils passèrent sans secousse au sommeil le plus profond.

VIII

Pendant que Pétrus et Ludovic dorment.

A peine les deux dormeurs eurent-ils indiqué, par leurs ronflements, qu'ils donnaient leur démission d'hommes raisonnables, et abandonnaient la conversation à qui pouvait la soutenir, que Salvator, appuyant ses coudes sur la table, laissant tomber sa tête dans ses mains, et regardant fixement Jean Robert :

— Voyons, demanda-t-il, seigneur poète, pourquoi êtes-vous venu passer la nuit à la halle ?

— Mais pour faire plaisir à mes deux amis, Pétrus et Ludovic.

— Uniquement ?

— Uniquement.

— Et rien ne vous a sollicité à cette complaisance pour eux ?

— Rien autre chose que je sache.

— Vous en êtes bien sûr?

— Autant qu'on peut être sûr de soi.

— Alors, vous ne me trompez pas, mais vous vous trompez vous-même... Non, ces messieurs qui dorment là d'un si bon sommeil ne sont point la cause ; ils ne sont que le prétexte. Savez-vous ce que vous êtes venu faire ici? Je vais vous le dire, moi. Vous êtes venu faire votre métier de philosophe, d'observateur, de peintre de mœurs, de poète, de romancier ; vous êtes venu étudier le cœur humain *in animâ vili*, comme on dit à l'école, n'est-ce pas ?

— Il y a du vrai dans ce que vous dites, répondit en riant Jean Robert. Je n'ai encore fait que du théâtre, mais je ne veux pas me borner là : je veux faire du roman de mœurs ; seulement, je veux le faire à [la manière dont Shakespeare faisait ses drames, en embrassant toute une période historique, et en mettant à contribution la société tout entière, depuis le fossoyeur jusqu'à Hamlet, prince de Danemark! Et que voulez-vous que je vous dise? dans le drame d'Hamlet, ce n'est pas la scène du fossoyeur que j'aime le moins, et, parmi les personnages, ce ne sont pas ces remueurs de tombes et ces profanateurs de cadavres que je trouve les moins philosophes.

— Oui, vous avez raison, et je suis de votre avis peut-être ; mais vous vous y prenez mal, ou plutôt vous choisissez mal le

lieu de la scène. Où Shakespeare montre-
t-il les fossoyeurs ? A leur besogne, les
pieds dans la tombe, un crâne dans la main,
et non à la taverne de Yaughan le marchand
de vin, chez qui le premier fossoyeur en-
voie le second lui chercher un verre de
liqueur. — Voulez-vous faire de la poésie?
Aimez une femme, et courez les bois. —
Voulez-vous faire du théâtre ? Allez dans
le monde jusqu'à minuit ; étudiez Molière
et Shakespeare jusqu'à deux heures du matin; dormez six heures par là-dessus; fondez
vos souvenirs avec vos lectures, et écrivez
de neuf heures à midi. — Voulez-vous
faire du roman? Prenez Lesage, Walter
Scott et Cooper, c'est-à-dire le peintre de
mœurs, le peintre de caractères, le peintre
de la nature, étudiez l'homme chez lui : à

son atelier, s'il est peintre ; à son bureau s'il est négociant ; dans son cabinet, s'il est ministre ; sur son trône, s'il est roi ; à son échoppe, s'il est savetier ; mais non pas au cabaret, où il arrive fatigué, et d'où il sort ivre ! C'est sur l'enseigne des cabarets qu'on devrait mettre l'enseigne de Dante : *Lasciate ogni speranza.* Et puis quelle pitoyable nuit allez-vous choisir pour vos études ! une nuit de carnaval, une nuit où aucun de ces hommes n'est à sa place, où tous ont engagé depuis leur pantalon jusqu'à la toile de leur paillasse, pour s'affubler de costumes prétentieux ; une nuit où ils singent les gens riches ; une nuit, enfin, où ils sont tout, — hors eux-mêmes ! En vérité, monsieur l'observateur, continua

Salvator en haussant les épaules, vous observez d'une singulière façon ?

— Continuez, continuez, dit Jean Robert; je vous écoute.

— Eh bien! que diriez-vous d'un homme qui irait étudier le cœur humain dans une maison de fous? Vous le traiteriez de fou lui-même, n'est-ce pas? Et, cependant, que faites-vous autre chose ici, à cette heure? — Écoutez-moi, monsieur Jean Robert; le hasard nous a réunis, le mouvement habituel va nous séparer; peut-être ne nous reverrons-nous jamais... Laissez-moi vous donner un conseil. Je vous parais bien hardi, n'est-ce pas ?

— Oh! point du tout, je vous jure.

— Que voulez-vous? moi aussi, j'ai fait un roman.

— Vous?

— Oui, mais pas un de ces romans qu'on imprime, rassurez-vous : je ne vous ferai pas concurrence ; c'était pour vous dire seulement que j'avais la prétention d'être observateur. Les romans, poète, c'est la société qui les fait; cherchez dans votre tête, fouillez votre imagination, creusez votre cerveau, vous n'y trouverez, en trois mois, en six mois, en un an, rien de pareil à ce que le hasard, la fatalité, la Providence, selon le nom dont vous voudrez nommer le mot que je cherche, vous n'y trouverez, dis-je, rien de pareil à ce que le hasard, la fatalité ou la Providence noue et dénoue en une nuit dans une ville comme Paris! — Avez-vous un sujet pour votre roman ?

— Non, pas encore. Le théâtre, je l'aborde volontiers : il ne m'effraie pas trop; mais le roman, avec ces ramifications, ses épisodes, ses péripéties, ses escaliers qui montent au plus haut étage de la société, ses échelles qui descendent dans les plus profondes abîmes ; un roman, avec le boudoir de la princesse et la mansarde de l'ouvrière ; un roman, avec les Tuileries et le tapis-franc où nous sommes, avec Notre-Dame et la place de Grève, je vous avoue que je recule devant l'œuvre, que je m'épouvante du labeur, et que cela me semble non pas un fardeau ordinaire, mais un monde à soulever.

— Eh bien, moi, reprit Salvator, je crois que vous vous trompez.

— Je me trompe?

— Oui.

— En quoi ?

— En ce que vous voulez *faire*.

— Sans doute.

— Voilà où est votre tort ! ne faites pas : laissez faire.

— Je ne vous comprends pas.

— Comment procédait Asmodée, le diable boiteux ?

— Il soulevait les toits des maisons, et disait à don Cléophas : « Regarde ! »

— Avez-vous le pouvoir d'Asmodée ? Non. Aussi, je vous dirai : faites plus simplement encore ; sortez de ce bouge, suivez le premier homme ou la première femme que vous rencontrerez dans la rue, dans le carrefour, sur le quai ; ce premier homme ou cette première femme ne sera probablement pas le héros ou l'héroïne d'une histoire, mais il ou elle sera un des fils du grand roman humain que Dieu compose — dans quel but ? Dieu seul le sait !
— faites-vous purement et simplement son collaborateur, et, dès le premier pas, soyez

certain que vous serez sur la trace de quelque aventure terrible ou bouffonne.

— Mais il fait nuit.

— Eh! raison de plus! la nuit est faite pour les poètes, les amoureux, les patrouilles, les voleurs et les romanciers.

— Alors, vous voulez que je commence mon roman tout de suite?

— Il est commencé.

— Vraiment?

— Sans doute.

— Depuis quelle heure?

— Depuis l'heure où vos amis vous ont dit : « Allons souper à la halle. »

— Vous plaisantez!

— Non sur mon honneur! Vous n'avez qu'à vouloir. Jean Taureau sera un personnage de votre roman, Gibelotte sera un personnage de votre roman, Toussaint-Louverture sera un personnage de votre roman, Sac-à-Plâtre sera un personnage de votre roman, Croc-en-Jambe sera un personnage de votre roman ; vos deux amis, qui dorment sans se douter que nous leur distribuons des rôles, seront des personnages de votre roman; moi-même, si vous m'en jugez digne, je serai un personnage de votre roman... Seulement, n'allez pas l'abandonner à l'exposition.

— Ah! ma foi! vous avez raison, et je

ne demande pas mieux que de le poursuivre.

— En ce cas, dites-vous bien ceci : que vous n'êtes plus un auteur qui crée des situations, pèse des événements, prépare des péripéties, mais que vous êtes un acteur de ce grand drame humain dont le théâtre est le monde, qui a pour décoration les villes, les forêts, les fleuves, les océans ; où chacun agit suivant son intérêt, son caprice, sa fantaisie en apparence, mais est, en réalité, poussé par la main invisible et toute-puissante de la destinée ; les pleurs qui y couleront seront de véritables larmes, le sang qui y sera versé sera de véritable sang, et vous-même mêlerez vos larmes et votre sang aux larmes et au sang des autres..

— Eh! qu'importe au poète qu'il souffre, si l'art a quelque chose à gagner à sa souffrance !

— Allons, vous êtes bien tel que je vous jugeais. Tenez, le temps a tourné à la gelée, la nuit est belle, il fait un clair de lune magnifique ; sortons et allons chercher la suite de l'histoire dont nous venons, non pas d'écrire, mais de jouer les premiers chapitres.

— Mais je ne puis laisser là mes deux amis.

— Pourquoi pas ?

— S'il leur arrivait malheur ?

— Il n'y a pas de danger : je dirai un

mot au garçon, et, quand on saura qu'ils sont sous ma sauvegarde, le plus hardi bohémien de ce repaire ne touchera pas à un cheveu de leur tête.

— Soit ! dit Jean Robert ; seulement, seriez-vous assez bon pour faire cette recommandation devant moi?

— Volontiers.

Salvator s'approcha de l'escalier, et fit entendre un sifflement modulé d'une certaine façon, et qui tenait à la fois du sifflet du machiniste et de celui du contre-maître.

On n'avait point l'habitude de faire attendre M. Salvator, à ce qu'il paraît; car à peine les dernières notes de la singulière modulation étaient-elles éteintes, que le garçon apparut.

— M. Salvator appelle ? dit-il.

— Oui.

Il étendit le bras vers les deux dormeurs.

— Ces deux messieurs sont de mes amis, maître Babylas ; tu comprends ?

— Oui, monsieur Salvator, répondit simplement le garçon.

— Venez ! dit le jeune homme au poëte.

Et il sortit le premier.

Jean Robert, resté en arrière, demanda la carte à payer.

Puis, ajoutant cinq francs pour le garçon :

— Mon ami, dit-il, faites-moi donc le plaisir de me dire quel est ce monsieur qui vient de vous recommander mes deux amis.

— Ce n'est pas un *monsieur* ; c'est M. Salvator.

— Mais, enfin, qu'est-ce que M. Salvator?

— Vous ne le connaissez pas?

— Non, puisque je vous demande ce qu'il est.

— C'est le commissionnaire de la rue aux Fers, donc !

— Comment ?

— Je vous dis que c'est le commissionnaire de la rue aux Fers.

Le garçon avait répondu si sérieusement, qu'il n'y avait point à douter qu'il n'eût dit la vérité.

— Décidément, murmura Jean Robert, je crois que M. Salvator a dit la vérité, et que nous commençons un roman comme il n'en a point été fait encore.

IX

Les deux amis de Salvator.

Il faisait, en effet, comme l'avait annoncé le commissionnaire de la rue aux Fers, un clair de lune magnifique.

Il était deux heures à l'horloge de la Halle aux draps.

La fontaine des Innocents — ce chef-d'œuvre de Jean Goujon, le seul architecte-sculpteur que nous ayons jamais eu — apparut, à droite, aux deux jeunes gens, au sortir du cabaret, merveilleusement éclairée par cette lampe splendide que la main de Dieu lui-même a suspendue à la voûte du firmament; ses élégants pilastres rudentés, merveille d'architecture corinthienne, se dessinaient dans toute leur grâce et toute leur pureté; les naïades, ces gouttes d'eau faites femmes que le chevalier Bernin avant tant admirées, les belles naïades aux contours suaves, aux airs penchés, semblaient écarter leurs draperies, et descendre dans le bassin de la fontaine pour y baigner leurs petits pieds blancs.

Les deux jeunes gens, malgré la distance

sociale que la différence des rangs semblait établir entre eux, se prirent bras dessus, bras dessous, et s'engagèrent dans la rue Saint-Denis, du côté du Palais-de-Justice. Arrivés à la place du Châtelet, ils s'arrêtèrent ; la rivière coulait à leurs pieds ; Notre-Dame se dressait devant eux avec la majesté des choses immobiles ; la Sainte-Chapelle élevait sa crête dentelée au-dessus des maisons, comme Léviathan son arête au-dessus des vagues. Ils eussent pu se croire en plein Paris du quinzième siècle.

D'ailleurs, pour ajouter à l'illusion, une bande de jeunes gens vêtus de costumes du temps de Charles VI, et venant par le quai de Gèvres, criaient à tue-tête :

— Il est deux heures quatorze minutes ;

nous sommes tranquilles ; Parisiens, dormez !

Et, en effet, rien n'empêchait de croire que ce fût une de ces troupes de malcontents que la communauté de bourgeois, propriétaire suzeraine de la boucherie de Paris, dépêchait de temps en temps au roi Charles VI, pour lui arracher de nouvelles concessions. C'étaient les Gois, les Tibers, les Lhuillier, les Meulott, ayant à leur tête Caboche, le terrible écorcheur.

Ils semblaient se promener tranquillement, n'attendant, pour commencer les désordres, que le coucher de la lune ou le lever du roi.

Nos deux jeunes gens laissèrent défiler

devant eux la mascarade, franchirent rapidement le pont au Change et arrivèrent sur la petite place située entre le pont Saint-Michel et la rue de la Harpe.

Une trentaine d'étudiants et de grisettes vêtus de costumes fantastiques, dansaient, avec de grands cris de joie, autour de cinq ou six bottes de paille enflammée.

Jean Robert, qui était, comme travail, en pleine étude d'histoire de France, ne put s'empêcher de chercher des yeux la borne sur laquelle était sculptée une tête ayant une bourse pendue au cou, et qui demeura sur cette place, disent nos vieux chroniqueurs, jusqu'au dix-septième siècle.

Il semblait que ces jeunes gens, presque

tous vêtus du costume moyen-âge, époque qui commençait à prendre une grande faveur, fussent venus là pour protester, quatre cents après l'événement, contre la trahison terrible dont cette place rappelle le souvenir.

Ce fut, en effet, par une nuit paisible, par une nuit éclairée d'une lune aussi éclatante que celle qui brillait en ce moment, à deux heures du matin, c'est-à-dire à la même heure que, le 12 juin de l'année 1418, Périnet-Leclerc, dérobant à son père, sous le chevet de son lit, les clefs de la porte Saint-Germain, alla ouvrir la ville à huit cents hommes du duc de Bourgogne qui attendaient au dehors des murailles, sous la conduite de Villiers, seigneur de l'Isle-Adam.

Tout ce qui tomba sous la main des cavaliers bourguignons fut égorgé sans merci : femmes, enfants, vieillards ; les évêques de Coutances, de Saintes, de Bayeux, de Senlis, d'Évreux, furent égorgés dans leur lit ; le connétable et le chancelier, tirés dehors et massacrés, puis leurs membres dispersés, et leurs têtes traînées dans les rues.

Le massacre dura huit jours ; au bout de huit jours, les Parisiens chassèrent les Bourguignons et restèrent maîtres de leur ville. On se mit alors à la recherche du traître cause à la fois de cette honte et de ce malheur ; on remua Paris de fond en comble pour trouver Périnet-Leclerc.

Périnet-Leclerc avait disparu, et nul n'en entendit jamais reparler.

Un maître sculpteur, alors, fabriqua à la hâte une grossière image du traître, et, après que la foule eut porté le buste de rue en rue, de porte en porte; après qu'on lui eût souffleté les joues, craché au visage, le même maître sculpta le Judas du quinzième siècle, sa bourse au cou, sur cette borne où les vieux historiens l'avaient vue.

C'est ce souvenir qui préoccupait Jean Robert, dont les yeux avaient quitté le groupe bariolé et joyeux éclairé par le reflet passager des flammes, pour aller fouiller dans la pénombre des angles, et dans l'ombre des rues, et qui lui fit se demander à demi-voix :

— Je voudrais bien savoir où est cette borne ?

— A l'angle de la place et de la rue Saint-André-des-Arcs, répondit Salvator, comme s'il eût, du premier au dernier mot, suivi dans la pensée de Jean-Robert le monologue auquel sa demande servait de péroraison.

— Comment savez-vous cela, c'est-à-dire une chose que je ne sais pas, moi? demanda Jean Robert.

— D'abord, dit en riant Salvator, l'étonnement est tant soit peu somptueux! Croyez-vous, monsieur le poète, que ce soient toujours les gens dont c'est l'état de savoir qui savent réellement? Il me semblait que l'ignorance de votre ami Ludovic sur la valériane eût dû, cependant, vous servir de leçon.

— Excusez-moi, dit Jean Robert, le mot m'est échappé ; cela ne m'arrivera plus. Je commence à m'apercevoir que vous savez toutes choses.

— Je ne sais pas toutes choses, répondit Salvator ; mais je vis avec le peuple, qui est tout le monde, c'est-à-dire géant, qui réalise la fable antique d'Argus aux cent yeux, de Briarée aux cent bras ; qui est plus fort que les rois, et qui a plus d'esprit que M. de Voltaire ! Eh bien, une des qualités ou un des défauts de ce peuple, c'est la mémoire et surtout la mémoire vengeresse des trahisons. Tel traître que les rois ont réhabilité et couvert de cordons, à qui l'aristocratie a ouvert ses portes, que la bourgeoisie salue en passant, est toujours un traître pour le peuple : son nom, redevenu un nom d'homme pour tout le reste de la société, est toujours pour le peuple un nom infâme, un nom maudit, un nom de traître enfin ! Et le temps n'est peut-être pas loin, ajouta Salvator, d'un air sombre, et qui un instant donna à sa physionomie une expression dont on l'eût crue incapable, — le temps n'est peut-être pas loin où vous aurez un exemple de ce que je vous dis là... Eh bien, ce nom de Périnet-Leclerc, dont les savants seuls se souviennent dans les classes élevées de la société, ce nom — sans que le peuple sache grand'chose, comme détail, de la trahison qu'il rappelle — est un des souvenirs exécrés du peuple, d'autant plus exécré que la vengeance n'a pu être satisfaite, que le supplice n'a pas expié le crime, et que la Providence cette fois, comme un juge endormi ou vendu, semble avoir fermé les yeux pour laisser passer le coupable. — Venez.

Et Salvator prit la rue Saint-André-des-Arcs.

Jean Robert suivit l'homme étrange dont le hasard avait fait son guide, et s'engagea avec lui dans la rue déserte et sombre.

Entre la rue Mâcon, et la place Saint-André-des-Arcs, le compagnon du poëte s'arrêta en face d'une petite maison blanche, propre, mais étroite et portant seulement trois croisées de front.

Une petite porte peinte en couleur de bois de chêne y donnait entrée.

Salvator tira une clé de sa poche, et s'apprêta à entrer.

— Maintenant, dit-il à Jean Robert, il est bien convenu que nous passons le reste de la nuit ensemble, n'est-ce pas ?

— Vous me l'avez offert, j'ai accepté ; retirez-vous votre offre ?

— Non, Dieu merci ! Mais, que voulez-vous ? si peu de chose que je sois, j'ai deux êtres qui seraient inquiets de mon absence, si mon absence se prolongeait au delà d'une certaine limite : ces deux êtres sont une femme et un chien.

— Allez les rassurer ; j'attendrai ici.

— Est-ce par discrétion que vous refusez de monter ? En ce cas, vous auriez tort : je suis un de ces mystérieux qui ne cachent rien, et qui restent inconnus en affrontant le soleil. N'est-ce pas un mot de M. Talleyrand, que, le jour où un diplomate dira la vérité, il trompera tout le monde ? Je suis ce diplomate-là ; seulement, je n'ai pas la peine de tromper un monde qui ne s'occupe pas de moi.

— Alors, reprit Jean Robert, qui brûlait d'envie de monter pour voir l'intérieur du commissionnaire de la rue aux Fers ; alors, comme disent les Italiens : *Permesso !*

— *Si*, répondit Salvator en excellent toscan ; *sottante vederete il cane, ma non la signora!*

La porte s'ouvrit et les deux jeunes gens s'engagèrent dans l'allée.

— Attendez, dit Salvator, que je vous fasse de la lumière.

Et, tirant de sa poche, un briquet phosphorique il s'apprêta à y plonger une allumette ; mais, tout à coup, une lumière apparut au haut de l'escalier, laissant tomber ses rayons le long de la muraille.

Puis une voix douce se fit entendre, qui demanda :

— Est-ce toi, Salvator ?

— Oui, c'est moi, dit le jeune homme. Ma foi ! ajouta-t-il en se retournant, ce n'était pas vous qui vous trompiez, c'était moi : vous verrez la femme et le chien.

Le chien fut celui qu'on aperçut le premier ; à la voix de son maître, il avait bondi par l'escalier, dont il descendit les degrés comme une trombe.

Puis, arrivé devant son maître, le colossal quadrupède lui posa sur les épaules ses deux pattes de devant, appuya câlinement sa tête le long des joues du jeune homme, et se mit à pousser des petits cris de tendresse, comme eût pu faire un kings-s'charles.

— C'est bien, Roland ! c'est bien ! dit

Salvator; laisse-moi passer : tu vois bien que ta maîtresse Fragola a quelque chose à me dire.

Mais le chien, qui venait d'apercevoir Jean Robert, passa la tête par-dessus l'épaule de son maître, et fit entendre un grognement qui était, au reste, plutôt une interrogation qu'une menace.

— C'est un ami, Roland; ainsi soyez sage! dit Salvator.

Et, après avoir embrassé le chien sur son mufle noir, il le poussa en arrière en disant :

— Allons, laisse-moi passer, Roland !

Roland se rangea, laissa passer son maître, flaira Jean Robert au passage, et, léchant la main du poète, prit derrière lui, et comme pour fermer la marche, son rang sur l'escalier.

Jean Robert avait jeté sur Roland un rapide coup d'œil d'amateur.

C'était une magnifique bête de la race des chiens du Saint-Bernard, moitié dogue, moitié terre-neuve, qui, en se dressant sur les pattes de derrière, pouvait avoir cinq pieds et demi de haut; son pelage était de la couleur de celui du lion.

Ces observations furent faites entre le rez-de-chaussée et le premier étage, là, toutes les préoccupations de Jean Robert abandonnèrent le chien, et se tournèrent vers Fragola.

C'était une jeune femme d'une vingtaine d'années, dont les grands cheveux blonds encadraient la figure pâle et douce, sous la peau de laquelle on apercevait des teintes rosées d'une finesse charmante ; la bougie qu'elle tenait à la main, dans un chandelier de cristal, éclairait ses grands yeux bleus couleur d'azur, qui plongeaient dans l'escalier, et sa bouche, souriante et à moitié entr'ouverte, laissait voir deux rangs de perles sous deux lèvres rouges comme deux fraîches cerises.

Un petit signe de naissance placé au-dessous de l'œil droit, et que les femmes du peuple appellent un *désir*, prenait, à certaines époques de l'année, la teinte d'une petite fraise, et lui avait valu, sans doute, ce nom étrange de Fragola qui avait tout d'abord frappé Jean Robert.

La présence de ce dernier lui avait d'abortd comme à Roland, inspiré quelque inquiétude ; mais, comme Roland, elle avait été rassurée par cette réponse de Salvator : « C'est un ami... »

Elle commença donc par tendre à Salvator un front souriant sur lequel le jeune homme appuya tendrement, nous allions dire respectueusement les lèvres.

Puis, s'adressant à Jean Robert

— Ami de mon ami, dit-elle avec un charmant sourire, soyez le bienvenu !

Et, tout en éclairant le poète d'une main, elle rentra dans la chambre, embrassant, de l'autre, le cou de Salvator.

Jean Robert les suivit.

Seulement, il s'arrêta discrètement dans une petite chambre qui formait la première pièce, et paraissait servir de salle à manger.

— Ce n'est point par inquiétude, j'espère, que tu n'es pas encore couchée? demanda tout d'abord Salvator; je ne me pardonnerais pas cela, mon cher enfant.

Et le jeune homme prononça ces paroles avec un accent qui avait quelque chose de paternel.

— Non, répondit la jeune fille d'une voix douce; mais j'ai reçu une lettre de cette amie dont je t'ai parlé quelquefois.

— De laquelle? demanda Salvator; tu en as trois, amies, dont tu me parles souvent.

— Tu pourrais même dire que j'en ai quatre.

— Oui, c'est vrai... Eh bien, de laquelle s'agit-il en ce moment?

— De Carmélite.

— Lui serait-il arrivé quelque malheur?

— J'en ai le pressentiment! Nous devions, demain, nous trouver ensemble, elle, Lydie, Régina et moi, à la messe de Notre-Dame, ainsi que c'est notre habitude tous les ans, et voilà qu'au lieu de cela, elle nous donne rendez-vous à sept heures du matin.

— Où cela?

Fragola sourit.

— Elle nous demande le secret, mon ami.

— Oh! garde-le, mon cher ange bien-aimé! dit Salvator. Un secret! tu sais mon opinion là-dessus : c'est l'arche sainte, c'est la chose sacrée !

Puis, se tournant vers Jean Robert :

— Je suis à vous dans un instant, dit-il. Connaissez-vous Naples ?

— Non ; mais j'espère bien y aller d'ici à deux ou trois ans.

— Eh bien, amusez-vous à regarder cette petite salle à manger : c'est un souvenir très exact de celle de la maison du poète à Pompéia ; et, quand vous aurez fini, vous causerez avec Roland.

Et, en disant cela, Salvator entra avec Fragola dans la seconde pièce, dont il referma la porte sur lui.

X

Causerie d'un poète avec un chien.

Resté seul, Jean Robert prit la bougie, et la rapprocha des parois de la salle à manger, tandis que Roland, avec un soupir de satisfaction, allait se coucher sur une espèce de tapis étendu en travers de la porte par laquelle venaient de disparaître le jeune homme et la jeune fille, et qui semblait son lit accoutumé.

Pendant quelques instants, Jean Robert eut beau promener la lumière devant la muraille, il ne vit rien : ses yeux regardaient en quelque sorte en dedans; ses souvenirs passaient entre lui et ce qu'il avait devant lui.

Ce que ses yeux voyaient, c'était, dans ce quartier perdu, au haut de cet escalier sombre, cette belle jeune fille qui se penchait, sa bougie à la main; c'étaient ces longs cheveux aux reflets d'or, ces beaux yeux bleus réfléchissant le ciel, même quand le ciel n'était plus là; c'était cette peau transparente, fine comme une feuille de rose ; c'était cette grâce infinie qu'imprime parfois, chez l'homme ou chez l'animal, l'exagération d'un cou trop long : — chez l'animal, dans le cygne; dans l'homme, chez Raphaël ; — c'était tout ce corps souple comme une écharpe, et sur lequel on sentait qu'avait pesé la main fiévreuse de la maladie, ou la main glacée du malheur; c'était, enfin, cette apparition de Fragola, non moins étonnante que celle de Salvator, et dont l'une semblait compléter l'autre, pour faire, aux yeux du poète, un rêve vivant et animé.

Tout lui semblait étrange, jusqu'à cette petite tache carminée placée au-dessous de l'œil, qui avait fait donner, par Salvator probablement, à la jeune fille son nom de Fragola, lequel donnait lui-même le charmant diminutif de Fragoletta.

Puis ce nom de Régina, qu'avait prononcé la jeune fille, avait rappelé au poète un souvenir aristocratique qui ne pouvait avoir aucun rapport avec les créatures d'humble condition auxquelles il venait momentanément d'associer sa vie, mais qui n'en avait pas moins fait vibrer dans son cœur les fibres sonores de la jeunesse.

Peu à peu, cependant, l'espèce de voile qu'il avait devant les yeux devint de plus en plus transparent, et, à travers un brouillard, il commença de voir les peintures qui couvraient la muraille.

Le côté artistique reprenait le dessus sur le côté mystérieux, la réalité sur le songe ; le poète était devant une des copies les plus exactes de la peinture décorative de l'antiquité.

Les quatre grandes parties de la muraille contenaient des cadres entourés de caissons ; chaque cadre représentait un paysage vu à travers les colonnes d'un péristyle ou les fenêtres d'un appartement.

Les caissons représentaient toutes ces fantaisies que la science archéologique a rendues populaires depuis, telles que les heures du jour et de la nuit, les danseurs, la cigale conduisant deux limaçons attelés à son char, les colombes buvant à la même coupe, etc.

Le tout était copié avec un goût parfait et une fidélité de ton qui indiquait le coloriste.

C'eut été un étonnement nouveau pour Jean Robert, si, de la part de son nouvel et singulier ami, quelque chose eût pu l'étonner.

Il alla donc, non pas étonné mais pensif, porter d'abord sa bougie sur la table, qui formait une circonférence de cinq ou six pieds seulement au milieu de la salle, puis vint s'asseoir sur une chaise.

Alors, ses yeux se portèrent vaguement sur les différentes parties de la salle à manger, et finirent par s'arrêter sur le chien.

Il se souvint de ces mots de Salvator :
« Quand vous aurez fini, causez avec Roland. »

Et il sourit à ce souvenir.

Ces mots, qui peut-être à un autre eussent paru une mauvaise plaisanterie, lui semblèrent, à lui, une recommandation toute naturelle ; ils venaient de lui révéler une sympathie de plus entre lui et son nouvel ami.

En effet, Jean Robert, cœur naïf, tendre et bon, ne croyait pas, dans son orgueil, que ce fût pour les hommes seuls que Dieu eût fait la dépense d'une âme : comme les poètes de l'Orient, comme les brahmes de l'Inde, il était tout près de penser que l'animal était une âme endormie ou enchantée, subissant, aux bords du Gange, la fascination de la nature, chez les occidentaux, la magie de la grande Circé. Souvent il s'était représenté l'homme à l'enfance du monde, précédé dans la création par les animaux, ses frères inférieurs, et il lui avait semblé que c'était alors les animaux et même les plantes, ces sœurs inférieures des animaux, qui avaient servi de guide et de précepteurs à l'humanité. Selon le rêve reconnaissant de sa pensée, c'étaient les êtres que nous dirigeons aujourd'hui qui nous conduisaient alors, qui guidaient notre raison chancelante avec leur instinct déjà affermi, qui nous conseillaient enfin, eux, ces petits et ces simples que nous méprisons aujourd'hui! Et, en effet, se disait

le poète, quand il se parlait à lui-même, le
boabab, qui a commencé par être un
arbre, qui est devenu une forêt, qui a vu
passer les siècles comme une chaîne de
grands vieillards qui se tiennent par la
main; l'oiseau-voyageur, qui fait de chaque coup d'aile une lieue, qui a vu tous les
pays: l'aigle, qui regarde en face le soleil,
devant lequel nous baissons les regards;
l'oiseau de nuit aux yeux de braise, qui
vole dans l'obscurité où nous trébuchons;
les grands bœufs, ruminant sous les chênes verts ou sous les pins sombres, foulant une civilisation détruite dans ces vastes
campagnes de Rome, aux larges et fauves
horizons; tous ces animaux n'auraient-ils
pas quelque chose d'inconnu à dire à
l'homme, si l'homme parvenait à com-

prendre leur langage, et s'il daignait les interroger (1)?

Jean Robert croyait se rappeler que, dans son enfance, il avait touché de la main la fraternité universelle; il était à peu près convaincu d'avoir compris, pendant un certain temps, l'aboiement des jeunes chiens, le chant des petits oiseaux, et jusqu'au parfum des boutons de roses, auxquels il voulait parfois, au moment où ils s'entr'ouvraient, faire manger les morceaux de sucre que sa mère lui avait donnés.

Puis, à mesure qu'il avait grandi, il lui avait semblé que cette intelligence presque

---

(1) Voyez dans les *Origines du droit*, les belles pages de notre grand historien poëte Michelet sur le même sujet.

humaine, qu'enfant, il avait trouvée chez les animaux et chez les plantes, avait disparu, et s'était emmêlée comme le chanvre que les follets embrouillent à la quenouille de là jeune fille bretonne, et que, lassée d'un travail inutile, elle finit, dans son impatience, par jeter au feu.

Qui a rompu cette union touchante qui reliait l'homme à l'animal et à la plante, c'est-à-dire au simple et à l'humble?

L'orgueil!

Ce fut la différence du monde oriental avec le monde occidental.

L'Inde, à laquelle il doit toujours revenir, chaque fois que, las de son Occident disputeur, l'Européen a besoin de retremper son âme aux sources primitives ; l'Inde, cette mère commune du genre humain ; l'Inde, notre majestueuse aïeule, fut payée de sa tendre piété, en demeurant féconde : son symbole, c'est la vache nourricière. Guerres, désastres, servitudes, passent sur elle depuis trois mille ans, et son intarissable mamelle est toujours prête à désaltérer trois cents millions d'hommes, indigènes ou étrangers.

Il n'en a pas été ainsi de notre pauvre monde occidental, de notre mesquine civilisation grecque et latine, La ville grecque, la cité romaine ont divinisé l'art, et destitué la nature ; elles firent des hommes des esclaves ; elles appelèrent les animaux des bêtes ; elles forcèrent la terre de dépenser, sans s'inquiéter de rendre de nouvelles forces à la terre. Un jour, Athènes se trouva une ruine; Rome, un désert ! il y eut des chemins magnifiques sur lesquels personne ne voyagea plus, des arcs de triomphe, qui, la nuit, voyaient passer les ombres des armées conduites par l'ombre des triomphateurs, et des lieues d'aqueducs continuant de porter, avec des enjambées gigantesques, l'eau des fleuves aux cités muettes, qui n'avaient plus d'habitants à désaltérer !

Et toutes ces idées, qui remuaient trois civilisations, qui faisaient, par cette chaîne électrique de la pensée qui le révèle au monde moderne, tressaillir dans son sépulcre le monde antique, s'éveillaient dans l'esprit du poète, à la vue du chien, et au souvenir de ces mots de Salvator : « Quand vous aurez fini, causez avec Roland. »

Jean Robert avait fini de regarder et même de penser; il appela donc Roland, pour causer avec lui.

A son nom prononcé avec cet accent bref et ferme du chasseur, Roland, qui dormait ou plutôt qui faisait semblant de dormir, le museau allongé entre ses deux pattes, leva vivement la tête, et regarda Jean Robert.

Jean Robert prononça une seconde fois le nom du chien, en frappant sa cuisse avec la main.

Le chien se leva sur les deux pattes de devant, et resta accroupi à la manière des sphinx.

Jean Robert renouvela une troisième fois le même appel.

Le chien vint à lui, posa sa tête sur ses deux genoux, et le regarda amicalement.

— Pauvre chien! dit le poète d'une voix caressante.

Roland fit entendre un murmure moitié tendre, moitié plaintif.

— Ah! ah! dit Jean Robert, ton maître Salvator avait raison : il paraît que nous allons nous comprendre.

Au nom de Salvator, le chien fit entendre un petit aboiement d'amitié, et regarda du côté de la porte.

— Oui, dit Jean Robert, il est là dans la chambre à côté, avec ta maîtresse Fragola, n'est-ce pas, Roland?

Roland alla à la porte, appliqua son museau à l'interstice qui existait entre le bas de la porte et le parquet, respira bruyamment, et revint poser, en fermant ses yeux vifs, intelligents, presque humains, sa tête sur les genoux du poète.

— Voyons un peu, dit Jean Robert, quelles sont nos père et mère... Donnez la patte, s'il vous plaît.

Le chien leva sa grosse patte, et la posa, avec une légèreté qui semblait impossible, dans la main aristocratique de Jean Robert.

Jean Robert examina les interstices des doigts.

— Ah ! dit-il, je m'en doutais... — Voyons notre âge.

Et il releva les puissantes lèvres de l'animal, qui, en se relevant, découvrirent une double rangée de dents terribles, blanches comme l'ivoire, mais cependant déjà un peu fatiguées dans les profondeurs de la gueule.

— Ah ! ah ! dit Jean Robert, nous ne

sommes plus de la première jeunesse : si nous étions une femme, nous cacherions notre âge depuis dix ans ; si nous étions un homme, nous commencerions à le cacher.

Le chien resta impassible ; il lui paraissait complétement indifférent que Jean Robert sût son âge. Ce que voyant le poète, il continua son examen, espérant arriver à quelque détail qui irriterait d'une manière plus active la sensibilité nerveuse de Roland.

Ce détail ne tarda pas à se présenter à la vue de Jean Robert.

Roland avait, nous l'avons dit, à part un peu plus de longueur dans son poil, légèrement frisé, surtout sous le ventre, la robe fauve du lion ; seulement, Jean Robert remarqua au flanc du côté droit, entre la quatrième et la cinquième côte, un point blanc de sept ou huit lignes de diamètre.

— Ah! ah! demanda-t-il, qu'est-ce que c'est que cela, mon pauvre Roland !

Et il appuya du bout du doigt sur le point blanc.

Roland poussa un gémissement.

— Tiens! dit Robert, une cicatrice.

Robert n'ignorait pas que les plaies ou

les brûlures détruisent l'huile colorante qui circule dans le tissu capillaire : il avait vu, dans les haras, des chevaux noirs auxquels on faisait une étoile sur le front en y appliquant une pomme bouillante ; comprit qu'il y avait là plaie ou brûlure.

Plaie plutôt que brûlure, puisque le doigt reconnaissait une cicatrice.

Il regarda au flanc gauche.

Au flanc gauche Roland portait, mais un peu plus bas seulement, un stigmate pareil.

Robert y appliqua le doigt comme il avait déjà fait la première fois ; le chien poussa, à cette seconde pression, un gémissement plus douloureux, gémissement qui fut expliqué au jeune observateur par le calus de la côte.

Au flanc gauche, la côte avait été brisée.

— Ah! ah! mon beau Roland, dit le poète, il paraît que comme notre homonyme, nous avons fait la guerre.

Roland leva la tête, entr'ouvrit la gueule, et poussa un aboi qui fit frissonner Jean Robert jusqu'au fond des veines.

Cette plainte avait un caractère si lugubre, que Salvator sortit de la chambre et demanda à Jean Robert :

— Qu'est-il donc arrivé à Roland ?

— Rien... Vous m'aviez dit de causer avec lui, dit en riant Jean Robert ; je lui ai demandé son histoire, et il était en train de me la raconter.

— Et que vous a-t-il raconté ? Voyons ! je serais curieux de savoir la vérité.

— Pourquoi voulez-vous qu'il mente ? dit Jean Robert ; ce n'est pas un homme !

—Raison de plus pour me répéter votre conversation, reprit Salvator avec une insistance qui semblait mêlée de quelque inquiétude.

— Eh bien, voici mot pour mot notre dialogue. Je lui ai demandé de qui il était fils : il m'a répondu qu'il était croisé d'un chien du Saint-Bernard et d'un terre-neuve, je lui ai demandé quel était son âge : il m'a répondu qu'il avait entre neuf et dix ans ; je lui ai demandé ce que c'était que cette tache blanche qu'il avait à chacun des flancs, et il m'a répondu que c'était la trace d'une balle qu'il avait reçue dans le côté droit, et qui était sortie du côté gauche, en lui brisant une côte.

— Ah! ah! dit Salvator, tout cela est d'une exactitude parfaite.

— Tant mieux! cela prouve que je ne suis pas tout à fait un observateur indigne de vos leçons.

—Cela veut dire tout simplement que vous êtes chasseur ; que, par conséquent vous avez reconnu, à la membrane que Roland a entre les doigts des pattes, et à la couleur de sa peau, sa filiation avec le chien nageur et le chien de montagne ; que vous avez regardé ses dents, et que vous avez vu à la canine, dont la fleur de lis a disparu, et à la molaire un peu avariée, qu'il était hors d'âge ; que vous avez tâté les deux taches, que vous avez senti, à la concavité de la peau, et à la convexité de l'os, qu'il avait reçu une balle, laquelle était entrée du côté droit, était sortie du côté gauche, et, en sortant, avait brisé une côte. — Est-ce cela ?

— Au point que j'en suis humilié !

— Et il ne vous a pas dit autre chose?

— Vous êtes entré juste au moment où il me contait qu'il n'avait pas oublié sa blessure, et qu'à l'occasion, il se rappellerait probablement celui qui la lui a faite. Maintenant je compte sur vous pour me dire le reste.

— Il n'y a qu'un malheur, et j'avoue, sur ce point, ma profonde ignorance : C'est que je n'en sais pas plus que vous.

— Bah! vraiment?

— Oui, un jour que je chassais, il y a quatre ou cinq ans, dans les environs de Paris...

— Que vous chassiez?

— Que je braconnais, voulais-je dire : un commissionnaire ne chasse pas... Je trouvai ce pauvre animal dans un fossé; il était tout ensanglanté, percé à jour, expirant. Sa beauté excita ma compassion : je le portai jusqu'à une fontaine, je lavai sa plaie avec de l'eau froide dans laquelle j'avais versé quelques gouttes d'eau-de-vie; il parut renaître à ces soins que je lui donnais, l'envie me prit de m'approprier ce magnifique animal, auquel, d'après l'état où je le trouvais, son maître paraissait tenir assez peu; je le mis sur une voiture de maraîcher, et je revins sur la voiture, le même soir, et aussitôt mon arrivée, je le traitai comme j'avais vu traiter, au Val-de-Grâce, des hommes atteints de coups de feu, et j'eus le bonheur de le guérir; voilà tout ce que je sais de Roland... Ah! pardon, je me trompe : j'oubliais encore que Roland m'a voué une reconnaissance qui ferait honte aux hommes, qu'il est prêt à se faire tuer pour moi et pour les gens que j'aime ;—n'est-ce pas, Roland ?

A cet appel, Roland poussa un cri de joyeuse adhésion, en posant ses deu pattes de devant sur l'épaule de son maître, comme il avait fait lors de l'arrivée de celui-ci.

— C'est bien, c'est bien, dit Salvator; vous êtes un beau et bon chien, Roland, on sait cela... A bas les pattes!

Roland reposa ses pattes à terre, et alla

se recoucher en travers de la porte, sur le même tapis où il était lorsque Jean Robert l'en avait fait lever en l'appelant.

— Et, maintenant, dit Salvator, voulez-vous venir?

— Volontiers; mais je crains bien d'être indiscret.

— Pourquoi cela?

— Mais parce que votre compagne a une course à faire ce matin, et avait peut-être compté sur vous pour l'accompagner.

— Non, puisque vous l'avez entendue me répondre qu'elle ne pouvait me dire où elle allait.

— Et vous laissez aller comme cela votre maîtresse dans des endroits qu'elle ne peut pas vous nommer? demanda en riant Jean Robert.

—Cher poète, sachez ceci, qu'il n'y a pas d'amour là où il n'y a pas de confiance. — J'aime Fragola de tout mon cœur, et je soupçonnerais ma mère avant de la soupçonner.

— Soit; mais il est peut-être imprudent à une jeune fille, continua Jean Robert, de partir seule à six heures du matin, et d'aller hors Paris avec un cocher.

— Oui, si elle n'avait pas Roland avec elle; mais, avec Roland, je lui laisserais faire le tour du monde, sans craindre qu'il lui arrivât un accident.

— En ce cas, c'est autre chose.

Puis, se drapant avec une certaine coquetterie dans son manteau :

— A propos, dit Jean Robert, j'ai entendu votre compagne prononcer, en parlant d'une de ses amies, le nom de Regina.

— Oui.

— C'est un nom peu commun.... J'ai connu la fille d'un maréchal de France de ce nom-là.

— La fille du maréchal de Lamothe Houdan? demanda Salvator.

— Justement!

— C'est l'amie de Fragola... Venez!

Jean Robert suivit, sans ajouter un mot, son mystérieux compagnon.

Il marchait de surprises en surprises.

XI

L'âme et le corps.

Pendant son séjour de dix minutes dans la chambre à coucher, Salvator avait complétement changé de vêtements.

Il y était entré vêtu, *on se le rappelle,*

du costume de velours; et en sortait avec une redingote blanche à longs poils, un gilet croisé boutonnant jusqu'au cou, un pantalon de couleur sombre. Ainsi habillé, il était impossible de dire à quelle classe précise de la société il appartenait: C'était la manière dont il porterait ces habits, c'était le langage qu'il parlerait, qui lui assigneraient un rang dans la société.

Le chapeau sur l'oreille, Salvator était un ouvrier endimanché; le chapeau droit sur la tête, Salvator était un homme du monde en négligé.

Jean Robert remarquait tout: il remarqua cette nuance presqu'insaisissable.

— Où voulez-vous aller? demanda Salvator, se retrouvant dans la rue avec le poète, après avoir tiré la porte de son allée.

— Où vous voudrez! Ne vous êtes-vous pas chargé de moi pour cette nuit?

— Faisons ce que faisaient les anciens, dit Salvator : jetons une plume au vent, et suivons la.

Ils allèrent jusqu'au milieu de la place Saint-André-des-Arcs. Salvator déchira un fragment de papier d'un petit portefeuille, et l'abandonna au vent, qui l'emporta dans la direction de la rue Poupée.

Les deux amis suivirent le papier qui

voltigeait devant eux, comme un de ces beaux papillons de nuit aux ailes blanches ; il arrivèrent à la rue de la Harpe.

Un second papier jeté leur traça la route vers la rue Saint-Jacques.

Ils allèrent devant eux sans savoir où ils allaient; où va la causerie, où va le rêve : au hasard, à l'aventure; ils allaient sans but, sans direction arrêtée : où vont le vent et le nuage par une belle nuit; ils allaient pour échanger les trésors de leur esprit, pour respirer les fraîches fleurs de leur âme.

Deux ou trois fois Jean Robert avait tenté de surprendre le secret du jeune homme mystérieux ; mais, à chaque fois,

Salvator avait échappé à ses questions, comme le renard, par quelque feinte habile, échappe au lévrier qui le poursuit. Enfin, abordé pas trop en face.

— Ce que nous cherchons, lui avait-il dit, c'est un roman à faire, n'est-ce pas? ce que vous voulez que je vous raconte, c'est un roman terminé? Céder à votre désir, ce serait aller en arrière. Allons en avant.

Jean Robert vit que son compagnon désirait rester inconnu, et n'insista point davantage.

D'ailleurs, le cours des idées des deux jeunes gens fut troublé par un incident.

Plusieurs hommes et quelques femmes

étaient rassemblés autour d'un homme sur le pavé.

— Il est ivre, disaient les uns.

— Il va mourir disaient les autres.

L'homme râlait.

Salvator fendit la foule, se mit à genoux, souleva la tête de l'homme, et, se tournant vers Jean Robert :

— C'est Barthélemy Lelong qui va mourir frappé d'une congestion cérébrale, si je ne le saigne pas à l'instant même. Voyez, il doit y avoir dans les environs un pharmacien ; frappez à la porte : les pharmaciens sont forcés de se lever à toute heure de la nuit,

Jean Robert regarda autour de lui; les deux jeunes gens étaient arrivés sans y penser vers le milieu du faubourg Saint-Jacques, à la hauteur à peu près de l'hôpital Cochin.

En face de l'hôpital, Jean Robert lut au-dessus d'une espèce de boutique :

PHARMACIE DE LOUIS RENAUD.

Peu lui importait le nom du pharmacien, pourvu que le pharmacien ouvrît. Il frappa en homme qui veut faire comprendre la nécessité de la promptitude.

Au bout de cinq minutes, la porte cria sur ses gonds, et M. Louis Renaud parut sur le seuil de son magasin, vêtu d'un pantalon de futaine, coiffé d'un bonnet de coton, et demandant ce qu'on lui voulait.

— Préparez des bandes et une cuvette, dit Salvator; c'est un homme menacé d'une congestion cérébrale, qui a besoin d'être saigné.

On apportait le pauvre charpentier, qui était complétement sans connaissance.

— Y a-t-il un médecin pour soigner le malade? demanda M. Louis Renaud. Je ne sais pas saigner, moi, et suis plutôt herboriste que pharmacien.

— Ne vous inquiétez de rien, dit Salvator; j'ai été élève en chirurgie, et je me chargerai de l'opération.

— Je n'ai pas de lancette, reprit le pharmacien.

— J'ai ma trousse, dit Salvator.

La foule encombrait le magasin.

— Messieurs, dit Salvator, voulez-vous être utile à cet homme?

— Bien certainement, monsieur Salvator, dit un des assistants en tendant la main au jeune homme.

Salvator prit la main qui s'avançait vers lui, et Jean Robert crut voir le commissionnaire échanger un signe maçonnique avec le nouveau venu.

Quelques voix répétèrent tout bas :

— Monsieur Salvator !

— Eh bien, dit le jeune homme, qui, plus que jamais parut à Jean Robert mériter son nom prédestiné, pendant que je vais saigner ce malheureux, frappez à l'hôpital, et annoncez l'arrivée d'un malade.

Trois ou quatre personnes conduites par l'homme qui avait parlé à Salvator, se détachèrent et allèrent frapper à la porte de l'hôpital.

Pendant ce temps-là, le pharmacien, aidé de ceux qui étaient restés, enlevait la cravate du pauvre Jean Taureau, le dépouillait de sa veste, et lui tirait les bras hors de sa chemise.

Les veines du cou étaient gonflées à rompre.

— Faut-il bander le bras? demand Jean Robert.

— Avez-vous des bandes toutes prêtes? demanda Salvator au pharmacien.

— J'en vais chercher, dit Louis Renaud.

— Serrez vigoureusement le bras au-dessus de la veine, monsieur Robert; j'espère que cela suffira, dit Salvator.

Robert obéit; un des assistants prit le bout du bras, un autre prit la cuvette, un troisième la lampe.

— Prenez garde à l'artère! dit Jean Robert un peu inquiet.

— Oh! ne craignez rien, répondit Salvator; j'ai plus d'une fois saigné la nuit sans autre lumière que le clair de lune ou la lumière du réverbère. De pareils accidents sont communs chez ces pauvres diables, et leur arrivent toujours en sortant du cabaret.

Il n'avait pas achevé, qu'avant même qu'on eût vu sa main, armée de la lancette, s'approcher du bras de Barthélemy, le sang jaillissait noir et spumeux.

— Diable! fit-il en secouant la tête, il était temps!

L'opération avait été faite avec la légèreté et la promptitude de main d'un praticien consommé.

Barthélemy respira.

— Quand il aura perdu assez de sang, dit le pharmacien qui arrivait avec une bande, vous le direz.

— Oh! dit Salvator, nous pouvons lui en ôter sans inconvénient : il n'en manque pas... Laissez, laissez couler!

Lorsque le malade eut perdu la valeur de deux palettes de sang, il ouvrit les yeux.

Le premier regard fut terne, vitreux, inintelligent; mais, peu à peu, l'œil s'éclaira, le rayon divin y reparut; la vue de Barthélemy s'arrêta sur le chirurgien amateur.

— Ah! bon! monsieur Salvator, dit-il, je suis content, en vérité Dieu, de vous voir!

— Tant mieux, mon cher Barthélemy! dit le jeune homme; et, moi aussi, je suis content de vous voir. Peu s'en est fallu que je n'eusse plus ce plaisir-là!

— Ah! ah! dit Barthélemy en reprenant peu à peu connaissance, c'est donc vous qui m'avez saigné?

— Mais oui, fit Salvator en essuyant avec soin sa lancette, et en la remettant dans la trousse.

— Alors vous ne vouliez pas ma mort?

— Moi! Et à quel propos voudrais-je votre mort?

— Ah! c'est que, comme vous m'avez jeté du haut en bas des escaliers, j'ai cru qu'on ne faisait cela que quand on voulait tuer un homme.

— Allons donc, vous êtes fou !

— Non, je conçois qu'on tue les gens qui vous mettent en colère, et je vous avais mis en colère en refusant d'ouvrir la fenêtre; mais, après avoir voulu la fermer, dame! vous comprenez, même par votre ordre, je ne pouvais pas l'aller ouvrir sans être déshonoré à mes propres yeux... et, avec ça que ce muscadin vous avait un air triomphant.

—Ce muscadin vient de m'aider à vous sauver la vie, Barthélemy; vous voyez donc bien que, pas plus que moi, il ne vous voulait du mal.

Barthélemy se retourna et vit Jean Robert qui le regardait en souriant.

— Ah! c'est ma foi vrai! dit-il.

Jean Robert lui tendit la main.

— Allons, sans rancune, mon ami, dit-il.

— Oh! dit Barthélemy, je ne suis pas boudeur, et dès que vous m'offrez la main...

—J'aurais volontiers commencé par là,

dit le poète ; vous me rendrez la justice d'avouer que c'est vous qui ne l'avez pas voulu.

— Ça, c'est vrai, dit Barthélemy en fronçant le sourcil. Il faut qu'un homme soit bien bête de se faire comme cela de la peine parce qu'une femme... Mais, comprenez-vous, monsieur Salvator ? elle est encore retournée avec ce petit gringalet de chez Bobino. Je ne veux pourtant pas le casser, le petit gueux, et il compte là-dessus... Oh! elle sait bien ce qu'elle fait, la malheureuse, en ne prenant pas un homme !

— Voyons, voyons, calmons-nous, Barthélemy !

— Ça vous est bien aisé à dire, à vous, qui vivez avec un ange du bon Dieu, monsieur Salvator; mais vous méritez ça, vu que vous ne vivez que pour faire le bien, et qu'il faudrait être dénué, quoi! pour vous faire du mal... N'importe! si vieux que je sois, je suis bon père, et je ne mérite pas qu'on m'enlève ma fille! Voilà trois jours que je suis comme un fou à chercher l'enfant; elle l'aura caché quelque part, chez sa vieille gueuse de mère; mais celle-là, pas moyen de l'aller chercher chez elle : elle crie à l'assassin dès qu'elle m'aperçoit, si bien que je lui dois déjà deux nuits de la salle Saint-Martin... Oh! j'en passerais bien quatre et puis six, et puis huit des nuits à la salle Saint-Martin, pour revoir ma fille, ma petite Fifine...

Pauvre chérubin à moi, va! elle aura deux ans à la Saint-Martin d'été.

Et le colosse se mit à pleurer comme une femme.

— Eh bien, que vous disais-je? demanda Salvator à Jean Robert, qui regardait avec curiosité cet étrange spectacle.

— C'est vrai, dit le poète.

— Allons, dit Salvator, on te la rendra ta fille.

— Vous ferez cela, monsieur Savaltor?

— Puisque je te le promets.

— Oui, vous avez raison ; c'est moi qui ai tort : du moment où vous promettez, c'est clair que vous tiendrez... Ah! faites cela, monsieur Salvator; faites cela, et, s'il le faut, eh bien, voyez-vous, je ne vous donnerai plus la peine de me jeter du haut en bas des escaliers. Vous me direz : « Jean Taureau, jette-toi! » et je m'y jetterai de moi-même.

— Monsieur Salvator! dit en rentrant l'homme qui s'était chargé d'aller frapper à l'hôpital, c'est ouvert là, en face.

— Pas pour moi, j'espère? dit Barthélemy.

— Et pour qui donc? demanda Salvator.

— Oh! je n'y vais pas.

— Comment, tu n'y vas pas?

— Je n'aime pas l'hôpital : l'hôpital c'est bon pour les gueux, et l'on est encore assez riche, Dieu merci, pour se faire soigner chez soi.

— Oui; seulement, chez soi, on est mal soigné; chez soi, on mange avant le temps, on boit avant l'heure, et, quand on s'est soigné deux ou trois fois chez soi, comme tu te soignes, on entre un beau matin à l'hôpital pour n'en plus sortir qu'une nuit... Allons, Barthélemy, allons.

— Je n'en veux pas, de l'hôpital, je vous dis!

— Eh bien, soit! retourne chez toi, et cherche ta fille toi-même; tu commences à m'ennuyer à la fin.

— Monsieur Salvator, j'irai où vous voudrez... Monsieur Salvator, où est l'hôpital? mais je le vénère l'hôpital! me voilà.

— A la bonne heure.

— Mais vous lui reprendrez ma petite Fifine, n'est-ce pas?

— Je te promets qu'avant trois jours, tu auras de ses nouvelles.

— Qu'est-ce que je ferai donc, pendant ces trois jours?

— Tu te tiendras tranquille.

— Plus tôt si c'est possible, n'est-ce pas, monsieur Salvator?

— On fera ce que l'on pourra. Va-t'en!

— Oui, oui, je m'en vas, monsieur Salvator. Tiens, c'est drôle! où sont donc mes jambes? je ne peux plus marcher!

Salvator fit un signe : deux hommes s'approchèrent de Barthélemy, qui s'appuya sur eux, et qui sortit en disant :

— Vous m'avez promis, dans trois jours au plus tard, de me donner des nouvelles de ma fille, monsieur Salvator; ne l'oubliez pas!

Et, de l'autre côté de la rue, à la porte

de l'hôpital qui allait se refermer sur lui, le charpentier criait encore :

— N'oubliez pas ma pauvre petite Fifine, monsieur Salvator.

— Vous aviez raison, dit Jean Robert, ce n'est pas au cabaret qu'il faut voir les hommes.

XII

Ce qu'on entendait au faubourg Saint-Jacques pendant la nuit du Mardi-Gras au Mercredi des Cendres, dans la cour d'un pharmacien-droguiste.

L'opération était finie ; le malade à l'hôpital, il ne restait plus aux jeunes gens qu'à se remettre en chemin avec cette consolante idée que, si la fantaisie ne leur fût pas venue de courir les rues de Paris la nuit, à trois heures du matin, un homme serait mort qui avait peut-être encore trente ou quarante ans à vivre.

Mais, avant de se remettre en chemin, Salvator demanda à son hôte de l'eau et une cuvette pour laver ses mains tachées de sang.

L'eau était commune, mais les cuvettes étaient rares chez le digne pharmacien; la seule qu'il possédât contenait le sang tiré par Salvator de la veine du charpentier, et Salvator avait bien recommandé que l'on conservât soigneusement ce sang pour le montrer au docteur qui ferait le matin la visite à l'hôpital Cochin.

La demande du jeune homme eut donc d'abord l'air d'une indiscrétion.

Le pharmacien regarda tout autour de lui, et finit par dire à Salvator :

— Dame ! si vous voulez vous laver les mains à grande eau, passez dans la cour, et lavez-vous-les à la pompe.

Salvator accepta; quelques gouttes de sang avaient aussi jailli sur les mains de Jean Robert : celui-ci suivit son ami.

Mais une impression des plus douces les arrêta sur le seuil de la porte de cette cour.

Tous deux se regardèrent.

En effet, leur étonnement était grand : ils entendaient tout à coup, du moment où la porte de la cuisine du pharmacien s'était ouverte, au milieu du silence et du calme de cette nuit sereine, vibrer, comme par enchantement, les accords les plus mélodieux.

D'où venaient ces sons suaves? de quel endroit? de quel instrument céleste? Ils avaient là, tout près d'eux, la haute muraille d'un couvent.

Le vent d'est enlevait-il à l'orgue de l'église ce ravissant accord, pour l'apporter aux rares passants de la rue Saint-Jacques?

Sainte Cécile elle-même était-elle descendue du ciel dans cette pieuse maison pour célébrer le mercredi des Cendres?

L'âme de quelque sœur novice, morte à l'âge des anges, s'élevait-elle aux cieux, aux sons des harpes divines?

En effet, l'air, que nos deux jeunes gens entendaient, n'était, certainement, ni un chant d'opéra, ni le solo joyeux d'un musicien, au retour du bal masqué.

C'était peut-être un psaume, un cantique, une page déchirée de quelque vieille musique biblique.

Celle de Rachel pleurant ses fils dans Rama, et ne voulant pas être consolée, parce qu'ils n'étaient plus!

C'était cela, car, en écoutant cette mélodie, on croyait voir passer, comme des ombres plaintives, tous les hymnes sacrés de l'enfance, toutes les mélancolies religieuses de Sébastien Bach et de Palestrina.

Si l'on eût été obligé de donner un nom à cette touchante fantaisie, on l'eût appelée *résignation*.

Nul nom plus ou moins expressif ne lui eût mieux convenu.

L'air prévenait en faveur du musicien.

Le musicien devait être mélancolique et résigné comme sa musique ; les deux jeunes gens eurent cette idée-là en même temps.

Ils commencèrent donc par faire ce qu'ils étaient venus faire là, c'est-à-dire par se laver les mains; après quoi, ils étaient bien résolu à se mettre à la recherche du musicien.

L'opération terminée, le pharmacien leur apporta une serviette, en échange de quoi Jean Robert, pour l'indemniser de la peine qu'on lui avait donnée, lui offrit une pièce de cinq francs.

Le pharmacien, à ce prix, eût voulu être dérangé trois fois par nuit.

Aussi se confondit-il en remercîments.

Ce que voyant Jean Robert, il lui demanda la permission de rester encore quelques instants dans la cour pour entendre cette plaintive mélodie, qui continuait de se répandre avec l'abondance de l'improvisation.

— Restez tant que vous voudrez! répondit le pharmacien.

— Mais vous? demanda Jean Robert.

— Oh! cela ne me gêne en rien, attendu que je vais refermer ma porte, et me coucher.

— Mais, nous, comment sortirons-nous?

— La porte de la rue ne ferme qu'au

loquet et au verrou : il vous suffira de tirer le verrou et de lever le loquet, vous serez dans la rue.

— Mais qui refermera la porte?

— Ah! bah! la porte! je voudrais avoir autant de mille livres de rente qu'elle reste de fois ouverte dans l'année.

— Alors, dit Jean Robert, tout va bien.

— Oui, tout va bien, reprit l'herboriste enchanté ; puis il referma sa porte, et laissa les deux jeunes gens maîtres de la cour.

Pendant ce temps, Salvator s'était approché d'une fenêtre du rez-de-chaussée à travers les volets de laquelle on apercevait de la lumière.

C'était évidemment de la chambre sur laquelle ouvrait cette fenêtre que venait la mélodie.

Salvator tira les volets à lui ; ils n'étaient pas accrochés en dedans, et cédèrent.

Alors, par une ouverture du rideau, ils aperçurent un jeune homme de trente ans environ assis sur un tabouret assez élevé, et jouant du violoncelle.

Bien qu'un cahier de musique fût ouvert sur le pupître qui se dressait devant lui, le jeune homme ne semblait point y abaisser ses yeux, levés au ciel ; il ne paraissait même pas avoir conscience du morceau qu'il jouait; son attitude était celle de l'homme en proie à la plus sombre préoccupation : sa main conduisait machinalement l'archet, mais sa pensée était ailleurs.

Il se livrait évidemment en lui quelque combat terrible! sans doute, la lutte de la volonté contre la douleur, car, de temps en temps, son front se rembrunissait, et, tout en continuant de tirer les plus tristes accords de son instrument, il fermait les yeux, comme si, ne voyant plus les choses extérieures, il eût perdu avec elles le sentiment de sa douleur intime. Enfin, le violoncelle sembla, comme un homme à l'agonie, pousser un cri déchirant, et l'archet tomba des mains du musicien.

L'âme était-elle vaincue? l'homme pleurait!

Deux grosses larmes silencieuses coulèrent le long de ses joues.

Le musicien prit son mouchoir, s'essuya lentement les yeux, remit le mouchoir dans sa poche, se pencha, ramassa l'archet, le ramena sur les cordes du violoncelle, et reprit son chant juste à l'endroit où il l'avait interrompu.

Le cœur était vaincu : l'âme planait au-dessus de la douleur avec les ailes de la force!

Les deux jeunes gens avaient regardé avec une attention profonde et un intérêt puissant le drame solitaire qui venait de s'accomplir sous leurs yeux.

— Eh bien? dit Salvator avec l'accent de l'interrogation.

— C'est incroyable! répondit Jean Robert essuyant une larme qui perlait au coin de sa paupière.

— Voilà le roman que vous cherchiez, mon cher poète; il est là, dans cette pauvre maison, dans cet homme qui souffre, dans ce violoncelle qui pleure.

— Le connaissez-vous, cet homme? demanda Jean Robert.

— Moi? Pas le moins du monde! répondit Salvator; je ne sais pas son nom, je ne l'ai jamais vu ; mais je n'ai pas besoin de le connaître pour vous dire qu'il y a en lui une des plus sombres pages du livre du cœur humain. L'homme qui essuie ses larmes et qui se remet à l'œuvre avec cette simplicité, est un homme fort, je vous jure! et, pour que cet homme fort ait pleuré, il faut que sa douleur soit immense. Entrons, et demandons-lui de nous raconter son histoire.

— Y songez-vous? demanda Jean Robert en l'arrêtant.

— Je ne songe même qu'à cela, répondit Salvator en s'avançant vers la porte, et en cherchant le marteau ou la sonnette.

— Et vous croyez, reprit Jean Robert en arrêtant une seconde fois son compagnon, vous croyez que cet homme va raconter son malheur au premier venu qui le lui demandera?

— D'abord, nous ne sommes pas des premiers venus, monsieur Jean Robert, nous sommes des...

Salvator s'arrêta; Jean Robert espérait voir s'échapper quelque éclair à l'aide duquel il lirait, ou, du moins, épellerait dans la vive passée de son compagnon.

— Nous sommes des philosophes, continua Salvator.

— Ah! oui, des philosophes, reprit Jean Robert un peu désappointé.

— En outre, nous n'avons l'air ni de bacheliers ivres, ni d'étudiants en goguette, ni de bourgeois curieux; notre diplôme d'honnêtes gens est écrit sur notre front. J'ignore quelle opinion vous avez eu de moi à première vue ; mais je suis prêt à affirmer que quiconque vous verra, ne fût-ce qu'une fois, sera prêt à vous donner son secret comme je vous donne la main.

Et Salvator tendit la main au jeune poète, comme un brevet d'honnêteté donné à un honnête homme.

— Entrons donc tête haute, continua Salvator ; tous les hommes sont frères, et se doivent assistance ; toutes les peines sont sœurs et se doivent secours.

Ces dernières paroles furent prononcées avec un sentiment d'inexprimable mélancolie.

— Allons donc, puisque vous le voulez ! dit Jean Robert.

— N'ai-je pas levé tous vos scrupules, et avez-vous encore quelque objection à me faire ?

— Non... Toutefois, je ne suis pas aussi certain que vous que le musicien nous accueillera favorablement.

— Il souffre, donc il a besoin de se plaindre, dit sentencieusement Salvator ; nous allons devenir pour lui des êtres providentiels, des envoyés de Dieu ! L'homme désespéré n'a rien à perdre, il ne peut que gagner à partager ses chagrins. Entrons donc bravement, et s'il vous reste une ombre d'hésitation, je vous dirai que, maintenant, ce n'est plus la curiosité qui me pousse, mais que c'est le devoir.

Et, sans attendre la réponse de Jean Robert, Salvator, qui n'avait trouvé ni marteau ni sonnette, frappa trois petits coups à la porte, à la manière des maçons.

Pendant ce temps, Jean Robert étudiait à travers la vitre l'effet que produirait cette interruption sur le violoncelliste.

Il se leva, déposa son archet sur le tabouret, appuya son instrument contre le mur, et vint ouvrir la porte sans avoir manifesté le moindre signe d'étonnement.

Cette tranquillité était parfaitement en harmonie avec l'opinion émise par Salvator.

Ou cet homme attendait quelqu'un, et qui pouvait-il attendre, sinon un consolateur ?

Ou il était assez détaché des choses de ce monde pour que rien, venant du monde, ne l'étonnât désormais, et, alors, il devait accueillir sans plaisir, mais en même temps sans impatience, les deux jeunes gens.

— A qui ai-je l'honneur de parler? demanda-t-il en apercevant Salvator et Jean Robert.

— A des amis inconnus, répondit Salvator.

Ce mot suffit au violoncelliste.

— Entrez, dit-il sans s'inquiéter autrement de l'étrange visite et de l'heure de la nuit à laquelle elle était faite.

Les deux jeunes gens le suivirent; Jean Robert, qui entra le dernier, referma la porte derrière lui.

Ils se trouvèrent alors dans la chambre même où ils avaient aperçu le musicien par les vitres de la fenêtre.

C'était une chambre dont la simplicité surprenait et ravissait en même temps;

pas même une chambre : une chambrette, mais délicieuse, proprette et blanche du haut en bas; une vraie cellule de Nonains pour la rareté des meubles, un vrai palais de jeune fille pour le goût délicat et modeste qui en avait dicté le choix. On était tout surpris, en entrant, de voir un jeune homme dans cette chambre; la rougeur vous serait montée au visage, en même temps que la pensée vous fût venue que ce jeune homme eût pu forcer ce chaste nid. N'était-ce pas la couchette d'un enfant qu'on entrevoyait derrière ce rideau de mousseline blanche? ces rosiers nains qui fleurissaient dans ces petits verres de cristal, n'était-ce pas le jouet d'un enfant? quelles mains soignaient ces oiseaux roses qui voltigeaient dans leurs cages, sinon celles d'une jeune fille de douze ans?... Ou ce n'était pas la chambre du jeune homme, ou une jeune fille habitait avec lui : sa sœur sans doute et, cependant, à la première vue, le musicien semblait habiter seul.

Etait-il permis d'imaginer qu'une autre femme qu'une sœur eût le droit d'entrer dans cette chambre? Non.

La chambre était chaste; le front du jeune homme, limpide.

Jamais une femme impure n'avait passé dans cette chambre.

Jamais l'ombre d'une mauvaise pensée n'avait ridé la surface de ce front.

Il y avait une explication.

Oui, ce jeune homme habitait là ; mais c'était sa sœur qui prenait soin de sa chambre, qui la blanchissait, qui la polissait, qui la fleurissait.

Comment donc pouvait-on être triste dans cette gaie retraite ?

Les deux jeunes gens, invités par le violoncelliste de s'asseoir, n'en voulurent rien faire qu'ils ne lui eussent expliqué le but de leur visite.

— Monsieur, dit Salvator, permettez-moi, avant de m'installer chez vous, de vous faire une question. Est-il au pouvoir de l'homme de pouvoir soulager l'infortune que vous semblez éprouver ?

Le violoncelliste regarda celui qui lui adressait cette philantropique question avec cette même tranquillité dont il avait fait preuve, quand, à trois heures du matin, il avait ouvert sa porte, sans même demander : — « Qui est là? »

— Non, monsieur, répondit-il simplement.

— Alors, dit Salvator, nous nous retirons. Laissez-moi, toutefois, vous dire, en forme d'excuse, pourquoi nous nous somme permis de vous troubler. — Monsieur... (Et Salvator désigna du doigt Jean Robert), monsieur est à la veille de faire un livre sur les souffrances de l'homme; il étudie quand il peut, où il peut. En entrant dans cette cour, nous vous avons entendu;

nous nous sommes approchés, et, à travers les vitres de cette fenêtre, nous vous avons vu pleurer.

Le jeune homme poussa un soupir.

Salvator continua :

— Quelle que soit la cause de votre douleur, vos larmes nous ont remué profondément, et nous sommes venus vous offrir notre bourse, si vous êtes pauvre, notre bras, si vous êtes faible, notre cœur, si vous êtes affligé.

Les yeux du violoncelliste se mouillèrent de larmes; mais, cette fois, c'étaient des larmes de reconnaissance.

Il y avait, dans les paroles de Salvator, dans le ton dont elles étaient dites, dans la physionomie qui les accompagnait, dans toute la personne du noble jeune homme enfin, il y avait, disons-nous, une telle loyauté, une telle grandeur, une tendresse si profonde pour son semblable, qu'on se trouvait sympathiquement entraîné vers lui.

Ce fut, poussé par cette irrésistible attraction, que le violoncelliste lui tendit les deux mains.

— Je plains, dit-il, ceux qui cachent leur plaie aux hommes, surtout quand cette plaie est saignante! montrer ses blessures à ses frères, c'est leur apprendre à les éviter. — Asseyez-vous, frères, et écoutez-moi.

Les deux jeunes gens s'accommodèrent chacun à sa guise, c'est-à-dire que Jean Robert s'étendit sur un fauteuil, et que Salvator se tint debout appuyé contre la muraille.

L'homme au violoncelle commença.

FIN DU PREMIER VOLUME

Fontainebleau, imp. de E. Jacquin.

Ouvrages de Gondrecourt.

Le baron Lagazette	5 vol.
Le chevalier de Pampelonne	5 vol.
Mademoiselle de Cardonne. . . .	3 vol
Les Prétendans de Catherine.	5 vol.
La Tour de Dago	5 vol.
Le Bout de l'oreille	7 vol.
Un Ami diabolique	5 vol
Médine.	2 vol.
La Marquise de Candeuil.	2 vol
Le Légataire	2 vol.
Le dernier des Kerven	2 vol.
Les Péchés mignons	5 vol.

Ouvrages divers.

Le Coureur des bois, *par Gabriel Ferry* . .	7 vol.
Les Crimes à la mode, *par André Thomas* . .	2 vol.
Le Mauvais Monde, *par Adrien Robert.* . .	2 vol.
Une Nichée de Tartufes, *par Villeneuve* . .	3 vol.
La famille Aubry, *par Paul Meurice.*	3 vol.
Louspillac et Beautrubin, *par le même* . . .	1 vol.
Le Tueur de Tigres, *par Paul Féval*	2 vol.
Une Vieille Maîtresse, *par Barbey d'Aurevilly* .	3 vol.
Les Princes d'Ebène, *par G. de la Landelle* . .	5 vol.
L'Honneur de la famille, *par le même*	2 vol.
Un Beau Cousin, *par Maximilien Perrin* . .	2 vol.
Le Roman d'une femme, *par A. Dumas fils* . .	4 vol.
Faustine et Sydonie, *par Mme Charles Reybaud.*	3 vol.
Le Mari confident, *par madame Sophie Gay* . .	2 vol.
Georges III, *par Léon Gozlan*	3 vol.
Sous trois rois, *par Alexandre de Lavergne* .	2 vol.
Trois reines, *par X. B. Saintine*	2 vol.

Fontainebleau, imp. de E. Jacquin.

www.ingramcontent.com/pod-product-compliance
Lightning Source LLC
Chambersburg PA
CBHW071509160426
43196CB00010B/1460